ALEXANDRE SLIVNIK

PREFÁCIO DE ROBERTO SHINYASHIKI

EDIÇÃO REVISTA E AMPLIADA DO BEST-SELLER

O PODER da ATITUDE

Como empresas com
profissionais extraordinários
encantam e transformam
clientes em fãs

Diretora
Rosely Boschini

Gerente Editorial Sênior
Rosângela de Araujo Pinheiro Barbosa

Editora
Carolina Forin

Assistente Editorial
Camila Gabarrão

Produção Gráfica
Leandro Kulaif

Preparação
Giulia Molina Frost
Eliana Moura Mattos

Capa
Nicholas Pedroso

Adaptação de Capa
Thiago de Barros

Projeto Gráfico
Márcia Matos

Adaptação e Diagramação
Ohannah Estúdio

Revisão
Bianca Maria Moreira
Mariana Marcoantonio

Impressão
Gráfica Assahi

CARO(A) LEITOR(A),
Queremos saber sua opinião
sobre nossos livros.
Após a leitura, siga-nos no
linkedin.com/company/editora-gente,
no TikTok **@editoragente**
e no Instagram **@editoragente**,
e visite-nos no site
www.editoragente.com.br.
Cadastre-se e contribua com
sugestões, críticas ou elogios.

Copyright © 2024 by Alexandre Slivnik
Todos os direitos desta edição
são reservados à Editora Gente.
R. Dep. Lacerda Franco, 300 – Pinheiros
São Paulo, SP – CEP 05418-000
Telefone: (11) 3670-2500
Site: www.editoragente.com.br
E-mail: gente@editoragente.com.br

Dados Internacionais de Catalogação na Publicação (CIP)
Angélica Ilacqua CRB-8/7057

Slivnik, Alexandre
    O poder da atitude: como empresas com profissionais extraordinários
encantam e transformam clientes em fãs / Alexandre Slivnik. - 2ª ed. - São
Paulo: Editora Gente, 2024.
    192 p.

ISBN 978-65-5544-512-1

1. Negócios 2. Clientes – Fidelização I. Título

24-2973   CDD 658.1

Índices para catálogo sistemático:
1. Negócios

NOTA DA PUBLISHER

No cenário empresarial atual, a competição é intensa e constante, e um dos maiores desafios enfrentados pelas empresas é a capacidade de se destacar em um mercado que tem cada vez mais concorrência. Nesse sentido, muito tem se falado sobre a experiência do cliente e como esse é um dos principais fatores que definem o sucesso de um negócio. Criar uma experiência extraordinária não é apenas desejável, é essencial para transformar clientes em fãs e aumentar significativamente o valor do seu negócio.

Conheci Alexandre quando ele ainda era muito jovem, e desde então fiquei impressionada com sua energia contagiante. Ele é um gênio quando se trata de encantamento, atendimento e experiência do cliente, sendo pioneiro ao trazer essa temática para o Brasil. Com uma carreira sólida e inspiradora, Alexandre oferece treinamentos baseados nos modelos de negócios da Disney e de outras empresas. Sua abordagem é prática e profundamente influenciada pelas experiências que teve em sua jornada profissional, tornando-o uma referência absoluta no assunto.

Nesta nova edição de O *poder da atitude*, o autor apresenta novos capítulos, além de um método robusto e prático para você que busca elevar seu nível de atendimento. Aqui, você vai aprender a implementar um alto padrão de excelência em seu negócio, com estratégias comprovadas e exemplos práticos. Deixe-se guiar pelas ideias de Alexandre e encantar-se a cada página.

Boa leitura!

ROSELY BOSCHINI
CEO e Publisher da Editora Gente

Esta edição revista e ampliada do meu livro O poder da atitude é dedicada à minha família, que sempre foi a maior apoiadora de todas as minhas ideias e sonhos.

AGRADECIMENTOS

Aos meus filhos, Leonardo e Beatriz, por me ensinarem que o melhor mesmo é ser criança, **sempre**!

À minha esposa, Tatiana, pelas incansáveis horas de troca de ideias, angústias, frustrações e felicidades!

À minha mãe, Milena, que esteve ao meu lado durante toda a construção deste sonho. Sei que hoje continua olhando por mim, esteja onde estiver.

Ao meu pai, Vanderlei, por cultivar, ao longo de minha jornada, o que tenho de mais importante: **meus valores**!

Aos meus irmãos, Igor e Adriana, companheiros eternos.

Ao meu querido amigo Roberto Shinyashiki, por acreditar em meu sonho e ser o maior incentivador deste projeto.

Aos amigos Alessandra Ruiz, Ana Medeiros, Branca Barão, Cauê Oliveira, Elias Leite, Gilberto Cabeggi, Leandro Correia, Livia Haddad, Mathias Emke, Rosely Boschini, Tatiane Leiser e Vanderlei Abreu, queridos e fiéis conselheiros na construção deste trabalho.

Aos amigos que fizeram as leituras críticas e me ajudaram a corrigir rotas para chegar ao resultado esperado.

Aos colaboradores da Associação Brasileira de Treinamento e Desenvolvimento (ABTD) e do Institute for Business Excellence (Ibex), que sempre acreditaram em meu sonho de transformar atendimento em resultados e o viabilizaram.

Agradeço a todas as pessoas com as quais já tive contato até hoje, pois com elas pude aprender muito e entender que não se constrói nada sozinho.

SUMÁRIO

PREFÁCIO 11

INTRODUÇÃO 15

Capítulo 1: A RIQUEZA DAS ORGANIZAÇÕES 21

Capítulo 2: O PROFISSIONAL EXTRAORDINÁRIO 39

Capítulo 3: A IMPORTÂNCIA DO PROPÓSITO PARA A
FIDELIZAÇÃO DE CLIENTES 63

Capítulo 4: OS COMPORTAMENTOS DETERMINAM A
CULTURA DA ORGANIZAÇÃO 69

Capítulo 5: A LIDERANÇA DÁ SUSTENTAÇÃO AO PROPÓSITO
E À CULTURA 81

Capítulo 6: ENCANTAMENTO: COMO FAZER CLIENTES SE
TORNAREM FÃS 91

Capítulo 7: USE O MODELO DE EXCELÊNCIA NO SEU NEGÓCIO 113

Capítulo 8: O TIME DOS COLABORADORES DE EXCELÊNCIA 135

Capítulo 9: OS SETE SEGREDOS DO PROFISSIONAL EXTRAORDINÁRIO 147

Capítulo 10: SEJA EXTRAORDINÁRIO 171

Palavras finais: EXTRAORDINÁRIOS FAZEM O MUNDO MELHOR 181

REFERÊNCIAS 186

PREFÁCIO

Todos os líderes de empresas têm de saber quem são os profissionais imprescindíveis na equipe e, principalmente, como formar, contratar e reter esses profissionais.

Hoje, o grande diferencial competitivo são as pessoas. Mas não todas as pessoas, porque profissionais todas as empresas têm. O diferencial são as pessoas que fazem acontecer. São os "fora de série".

Minha tese de doutorado na Faculdade de Economia, Administração, Contabilidade e Atuária, da Universidade de São Paulo (FEA-USP), tratou de gestão de crises, e eu usei o exemplo do acidente com o Fokker 100 da TAM, ocorrido em 1996, no tristemente famoso voo 402.[1] Para entender melhor como eles administraram as consequências da queda do avião, entrevistei o engenheiro Luiz

---

1. ACIDENTE com Fokker 100 da TAM completa 25 anos; relembre. **Exame**, 31 out. 2021. Disponível em: https://exame.com/brasil/acidente-com-fokker-100-da-tam-completa-25-anos-relembre. Acesso em:14 fev. 2024.

Eduardo Falco, principal coordenador dessa crise na empresa, visto que o comandante Rolim estava fora do país.

Quando perguntei qual foi a primeira atitude dele, Falco me respondeu: "Pensei em quem seriam as pessoas que formariam o grupo central para administrar a situação. Pensei em todas as pessoas possíveis e escolhi treze delas. E eu tinha certeza de que elas suportariam toda a pressão e saberiam como agir". Como resultado da ação dessas pessoas, a TAM ainda conseguiu ser eleita empresa do ano, apesar de aquela tragédia ter ocorrido.

São as empresas com profissionais extraordinários que encantam e transformam clientes em fãs e tornam a própria presença no mercado definitiva. Mas nem sempre as empresas valorizam os funcionários como deveriam. E raramente percebem ou reconhecem que funcionários dedicados e comprometidos podem fazer uma grande diferença em seu posicionamento no mercado.

Em *O poder da atitude*, Alexandre Slivnik mostra a enorme importância de descobrir e valorizar o potencial de sua equipe e estimula a construir relacionamentos poderosos com os clientes.

Slivnik é vice-presidente da Associação Brasileira de Treinamento e Desenvolvimento (ABTD), diretor-geral do Congresso Brasileiro de Treinamento e Desenvolvimento (CBTD) e diretor-executivo do Institute for Business Excellence (Ibex). Venho acompanhando seu trabalho há muito tempo e já tive o imenso prazer de estar ao lado dele, desenvolvendo juntos alguns projetos. Uma de suas melhores características é querer sempre a superação, a excelência, além de ter a capacidade de estimular todos que convivem com ele a também se envolverem nessa aventura importantíssima.

Alexandre defende a ideia de que a excelência para encantar clientes é o que realmente faz a diferença no mundo dos negócios.

E que essa excelência é encontrada dentro das empresas, naqueles funcionários que ele costuma chamar de "extraordinários".

O profissional extraordinário é o que tem atitudes extraordinárias e, por isso mesmo, gera o diferencial competitivo da empresa no mercado.

Ter diferencial competitivo é oferecer aos clientes algo que faz você ser único e que o público valoriza e deseja. É concentrar esforços no atendimento ao cliente e se destacar por estar entre os melhores nesse quesito.

Slivnik faz questão de deixar clara sua paixão pela gigante Disney (depois de conhecer o complexo empresarial como turista, fez diversos cursos e uma imersão de meses no sistema das empresas do conglomerado para entender a filosofia de trabalho delas) e hoje é um dos maiores especialistas em excelência Disney no Brasil. Inclusive, ele criou e conduz um programa que leva executivos e empresários brasileiros para conhecer a corporação e o maravilhoso sistema administrativo dela.

Por que essa paixão? Porque hoje a Disney é o maior exemplo de empresa que tem fãs incondicionais. É um dos lugares no mundo onde existe a maior concentração de profissionais extraordinários prestando um atendimento excelente ao cliente.

Neste livro, meu amigo Alexandre Slivnik não só traz a oportunidade de conhecer os conceitos e as atitudes que moldam as empresas gigantes de sucesso, mas também oferece ferramentas poderosas para que você se torne um profissional extraordinário e faça uma diferença significativa em sua carreira e na empresa em que trabalha.

Este é um presente dele para você, que também acredita que pode ir muito além do que a maioria dos profissionais arrisca sequer sonhar.

Prefácio **13**

Se quiser ter uma empresa sensacional, você vai precisar de colaboradores extraordinários, fora de série. Para tanto, é fundamental que leia este livro.

ROBERTO SHINYASHIKI
Psiquiatra, autor best-seller e palestrante

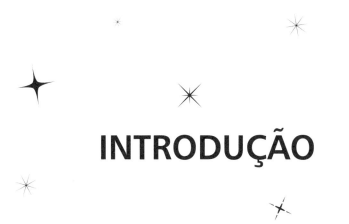

INTRODUÇÃO

Atualmente, no meio empresarial, parece que há poucas vagas para quem deseja verdadeiramente o sucesso. A concorrência está cada vez mais acirrada; continuar competindo passou a ser sinônimo de sobrevivência.

W. Chan Kim e Renée Mauborgne, autores do best-seller mundial *A estratégia do oceano azul*,[2] afirmam que "o segredo não é esmagar a concorrência, mas torná-la irrelevante". O problema é que, no panorama atual, alcançar o chamado "oceano azul", no qual a concorrência é quase nula, não é necessariamente garantia de sucesso, pois a tendência é que os concorrentes copiem sua postura, suas ideias e seus produtos – e aí é preciso começar tudo de novo.

Por isso, para ser de fato competitivo, é preciso ter a postura dos que eu chamo de *profissionais extraordinários*. São empresários,

---

2. KIM, W. C.; MAUBORGNE, R. **A estratégia do oceano azul**: como criar novos mercados e tornar a concorrência irrelevante. Rio de Janeiro: Sextante, 2019.

profissionais e organizações que estão acima de qualquer concorrência, por prestarem um serviço infinitamente melhor que os outros, por vezes até incomparável, sem outra referência que lhes faça sombra.

A tecnologia, cada vez mais, iguala as condições de experiência do cliente no mercado. Os segredos organizacionais do passado já não garantem o sucesso por muito tempo, pois as novidades são replicadas com rapidez pela maioria das empresas, e o que antes era diferencial hoje se torna commodity.

Ter diferencial competitivo, portanto, é oferecer aos clientes algo que faz você ser único, e que eles valorizam e desejam. Para ser único, para se juntar aos extraordinários, é preciso ter consciência de que o mundo organizacional busca desesperadamente profissionais sensacionais, que ajudem a gerar um diferencial para as organizações para que elas de fato se destaquem das outras.

Negócios extraordinários e empresas sensacionais não têm clientes, mas fãs. O que transforma as empresas é, sobretudo, a qualidade e a atitude dos profissionais que trabalham para elas, visando sempre proporcionar a melhor experiência possível para os clientes. É essa experiência de qualidade lendária, célebre, que é valorizada pelos consumidores da marca e que se traduzirá em valor para a companhia.

Portanto, elevar o padrão de qualidade dos funcionários é valorizar a empresa em todos os sentidos. Apple, Facebook, Amazon, Pixar, Google, DreamWorks, FedEx e Microsoft são ótimos exemplos de empresas que têm fãs. Não há dúvida de que todas essas companhias – e mais dezenas de outras que ocupam as primeiras posições nos rankings de melhores empresas – valorizam em primeiro lugar o cliente, seja interno ou externo, buscando entregar a ele a melhor qualidade possível de produtos e serviços.

16 O poder da atitude

Em minha visão, a expressão máxima de fornecer uma experiência de qualidade para os clientes é a alcançada pela Disney. Com a gestão voltada para recursos humanos em todos os sentidos, a Disney se transformou no maior complexo de entretenimento do mundo, com parques temáticos, resorts, filmes, vídeos, canais de TV (ESPN, Fox e National Geographic), streaming e produtos de consumo. Fundada pelo famoso Walt Disney, a empresa, que tem um valor de mercado de aproximadamente 202 bilhões de dólares, faturou em 2023 cerca de 89 bilhões de dólares.[3]

Com cerca de 220 mil colaboradores, a maior preocupação dessa holding são as pessoas, tanto as que trabalham com ela quanto as que usufruem dos produtos e serviços que ela oferece.

Em publicações do Disney Institute, não é difícil encontrar citações que atestam o foco no comportamento dos colaboradores, que deve ser, sempre, o da busca pela perfeição:

> *Uma organização de sucesso depende do desempenho de seus funcionários. A cada dia, todos aqueles que trabalham conosco têm oportunidade de ultrapassar seus limites e criar um ambiente perfeito para os clientes. Para isso, no entanto, precisam ser bem orientados pelos líderes, que devem implantar esta estratégia: os valores e a paixão pela Disney que fazem todos os nossos* cast members *caminhar na mesma direção.*[4]

---

3. MENEZES, P. Walt Disney World Company cresce 6% e fatura US$ 89 bilhões no ano fiscal de 2023. **Mercado&Eventos**, 9 nov. 2023. Disponível em: https://www.mercadoeeventos.com.br/noticias/parques-e-atracoes/walt-disney-world-company-cresce-6-e-fatura-us-89-bilhoes-no-ano-fiscal-de-2023. Acesso em: 14 fev. 2024.

4. DISNEY INSTITUTE. **O jeito Disney de encantar os clientes**: do atendimento excepcional ao nunca parar de crescer e acreditar. São Paulo: Saraiva, 2011.

Outro exemplo da conduta da companhia está na frase do executivo John Hench, falecido em 2004: "Qual é a nossa fórmula de sucesso? É a atenção aos infinitos detalhes, às pequenas coisas, aos pontos pequenos, insignificantes, minuciosos aos quais os outros não querem dedicar tempo, dinheiro ou empenho".[5]

Visitei o complexo Disney, na Flórida, como turista em 2001 e, de tão encantado com o serviço prestado e com a experiência vivida em todas as minhas viagens, resolvi ir até lá mais outras tantas vezes – a princípio para lazer, mas depois profissionalmente, a fim de entender e estudar como a empresa conseguia prestar um serviço tão qualitativo para um público tão diverso.

Tive a oportunidade, então, de fazer cursos no Disney Institute para aprender os princípios que norteiam um atendimento incomparável e transformam essa organização em absoluta no segmento. Após absorver esses métodos e ideias, resolvi aplicar as técnicas utilizadas pelo "jeito Disney de ser" nas organizações das quais estou à frente – o Ibex, antigo Instituto de Desenvolvimento Profissional (Idepro), a Associação Brasileira de Treinamento e Desenvolvimento (ABTD) e o Congresso Brasileiro de Treinamento e Desenvolvimento (CBTD). Para minha admiração, as empresas tiveram saltos quantitativos e qualitativos percebidos por todos os que estavam ao redor, fossem colaboradores, clientes ou concorrentes. Em dois anos, praticamente triplicamos o número de clientes atendidos. Neste livro, você terá acesso a diversos segredos e processos que eu pude aprender e vivenciar na Disney. Hoje, além de implantar essa excelência em diversas empresas, levo men-

---

5. O BOM relacionamento é feito nos detalhes. **Exame**, 17 set. 2018. Disponível em: https://exame.com/colunistas/relacionamento-antes-do-marketing/o-bom-relacionamento-e-feito-nos-detalhes. Acesso em: 14 fev. 2024.

salmente vários grupos ao complexo Disney, para que aprendam como fazer clientes se tornarem fãs por meio de uma experiência inesquecível como consumidores de uma marca.

Por tudo isso, resolvi escrever *O poder da atitude* para ajudar você a multiplicar seu sucesso, mostrando como se juntar aos extraordinários. Às organizações, mostro como é possível elevar a qualidade do serviço prestado a patamares nunca antes pensados. E, aos profissionais, indico como melhorar a própria qualidade por meio do valor que entregam às organizações para as quais prestam serviços, a fim de que sejam muito mais valorizados e isso se reverta em resultados.

Vamos juntos buscar, no que você almeja, a importância de seus objetivos; vamos despertar, em sua autoconfiança, todos os benefícios de um estado de espírito pronto para enfrentar desafios; e vamos estimular todo seu potencial, para que você se torne audacioso o suficiente e conquiste cada vez mais espaço no mundo corporativo.

O profissional que pensa grande, de maneira positiva, e que se empenha em realizar os mais grandiosos pensamentos que tem, atinge melhores resultados em um tempo muito menor. Esse é o segredo de criar uma história de sucesso marcante. Atender de maneira extraordinária é, portanto, mais vantajoso para a empresa que para os próprios clientes.

Empresários extraordinários fazem empresas extraordinárias em competitividade. E empresas extraordinárias são compostas de pessoas de qualidade superior. Você está disposto a encarar esse desafio? Então, prepare-se para avançar rumo ao topo e juntar-se aos que sabem o verdadeiro valor do *poder da atitude*.

Todo o conteúdo deste livro é 100% baseado em meus estudos e em minhas experiências, não tendo nenhuma relação comercial com as empresas estudadas e citadas neste texto (Disney World, Apple, Universal Orlando Resort, Zappos etc.). Por meio desta análise independente e já aplicada em diversas empresas, você navegará por reflexões e exercícios para colocar esse conceito em prática, tanto na sua vida quanto no seu negócio.

Capítulo 1

A RIQUEZA DAS ORGANIZAÇÕES

Você pode sonhar, criar, desenhar e construir o lugar mais maravilhoso do mundo, mas é necessário ter pessoas para tornar esse sonho uma realidade.
Walt Disney[6]

Não há mais dúvida de que, hoje, o grande diferencial que uma organização pode ter são as pessoas que trabalham para ela. É o fator humano que faz toda a diferença no mundo corporativo, por mais avanços, recursos e eficiência que uma companhia consiga entregar.

Direta ou indiretamente, são as pessoas que determinam o sucesso ou a falta dele em uma organização. Trabalho na área de recursos humanos e treinamento há mais de 25 anos e, seguramente, já atuei de maneira direta ou indireta em mais de mil organizações, sempre com foco no fator humano. Analisando o quadro de colaboradores e conversando com os profissionais das maiores organizações brasileiras, percebi que existe uma situação bastante comum. Há três tipos de profissionais que movem as empresas: *indiferentes*, *necessários* e *extraordinários*. O primeiro tipo é o grupo dos que não fazem muita diferença no dia a dia. O segundo grupo são os que trabalham, cumprem o próprio papel e até atingem as metas, mesmo que não se sintam estimulados a ir além. E o terceiro corresponde aos talentos comprometidos, aos que superam todas as metas e expectativas, promovem inovação, são criativos e agregam novidades – são eles que ajudam a

6. DISNEY INSTITUTE. **O jeito Disney de encantar os clientes**: do atendimento excepcional ao nunca parar de crescer e acreditar. São Paulo: Saraiva, 2011.

organização a se diferenciar da concorrência e que fazem com que ela desponte sempre na frente.

A seguir, explico um pouco mais as características desses três tipos de profissionais:

- **Indiferentes**: pensam mais em benefícios do que em dedicação. Praticamente são desnecessários na equipe e, se fossem demitidos, não fariam grande diferença nos resultados. Em muitos casos, os resultados até melhorariam. São os profissionais que apenas compõem a empresa, que fazem somente aquilo que consideram que estão sendo pagos para fazer – ou menos, se puderem.
- **Necessários**: fazem muito bem o trabalho que precisa ser feito, mas não vão muito além disso. Pensam mais na manutenção da posição do que em uma carreira profissional. Trabalham das 8 às 18 horas, fazem as tarefas com afinco, mas não se atrevem a arriscar um salto mais alto.
- **Extraordinários**: sempre fazem mais, buscam mais e obtêm mais. Pensam constantemente em novos desafios e se envolvem em grandes projetos. São os profissionais que dão o ritmo aos resultados das organizações e, por isso, recebem os melhores salários. São altamente comprometidos e sempre têm muita clareza sobre aonde querem chegar – em geral, os pontos mais altos no escalão da organização. São os profissionais extraordinários que sempre dão um ou vários passos a mais do que se espera deles.

Costuma existir nas empresas uma proporção desses três tipos de profissionais, e ela parece se manter. Depois de pesquisas, enquetes

A riqueza das organizações   **23**

e muita observação, cheguei ao que chamo de Regra 50-40-10: entre as pessoas que trabalham em uma organização, em geral 50% são indiferentes, 40% são necessárias e apenas 10% são extraordinárias.

É surpreendente notar que metade dos colaboradores de uma organização pode ser demitida de imediato por ser desnecessária para o negócio, que boa parte do quadro de funcionários é formada por pessoas que tocam o dia a dia e que uma mínima parte é composta de profissionais verdadeiramente brilhantes, que fazem sempre mais do que são pagos para fazer.

Também é curioso constatar que, infelizmente, a maior parte dos profissionais empregados hoje não é formada por extraordinários, por funcionários brilhantes, sensacionais, e sim por aqueles que considero de medianos a ruins.

Os profissionais indiferentes em uma organização me lembram a história das lagostas. Durante a maré baixa, elas permanecem sobre as pedras, paradas no mesmo lugar, esperando que a água suba de novo para levá-las de volta ao mar. Alguns poucos movimentos e elas teriam o mar inteiro para nadar, mas morrem ao sol, no lugar em que estão, porque não se mexem, não esboçam nenhuma reação, não tomam atitude alguma para resolver o problema. Elas apenas esperam a água chegar para sair do lugar. Os profissionais indiferentes aguardam o momento de ser demitidos, assim como as lagostas acomodadas na pedra esperam a morte chegar.

Tenho certeza de que você conhece diversas histórias que ilustram esses tipos de funcionários em uma empresa. Lembro-me de que, certa ocasião, estava selecionando um estagiário para iniciar na área de atendimento. Um dos candidatos era especialmente inteligente, e resolvi fazer um período de experiência com ele. No entanto, depois de alguns meses, percebi que o rapaz era muito acomodado, não tinha iniciativa e era muito dependente de ordens. Parecia não ter opinião própria; fazia o que eu mandava e não se adiantava em relação a nenhuma necessidade da equipe. "Deixava que a vida o levasse", como ele mesmo dizia. Não era o tipo de pessoa que eu me sentia seguro em indicar para uma efetivação. Em vez de ser efetivado, esse estagiário foi dispensado, pois estava contaminando o restante da equipe.

Muita gente é tão indiferente que passa despercebida nas companhias, e só acaba ficando porque ninguém nota que sua ausência ali não faria diferença alguma para os resultados.

OS TALENTOS COMPROMETIDOS SÃO O DIFERENCIAL

Se são os recursos humanos que determinam o diferencial de uma organização, e se a maioria dos profissionais das empresas é indiferente ou somente necessária, são poucas as pessoas que de fato fazem a diferença em um negócio.

A conclusão lógica é que, em negócios que se destacam, há uma proporção maior de pessoas extraordinárias no quadro de funcionários. Veja que estas não são apenas inteligentes ou brilhantes, mas apresentam um comprometimento que as torna diferentes e essenciais.

No entanto, está muito enraizada em nossa cultura a crença de que o valor individual não é tão importante para uma organização como um todo, ou para determinado círculo de relacionamentos, e muito menos para o mundo. Muito embora as pessoas possam até ter uma tendência à autovalorização, a dificuldade de reconhecer o valor uns dos outros as torna céticas quanto à própria importância.

Creio que os profissionais insubstituíveis são profissionais extraordinários porque são eles que ditam o ritmo dos negócios, e mesmo na ausência deles a equipe consegue resultados, por acreditar no legado e segui-lo. De acordo com uma enquete que promovi em 2011 com 944 profissionais, 76% dos entrevistados acreditam que "qualquer um pode ser um profissional insubstituível"; 67% acreditam que "ser um profissional insubstituível só depende deles mesmos"; 15% dos entrevistados se consideram profissionais insubstituíveis nas empresas em que atuam: e somente 41% acreditam poder se tornar insubstituíveis. Foi solicitado que assinalassem com um "x" se concordavam ou não com as afirmativas. Veja o resultado no Quadro 1.

Quadro 1: Enquete sobre profissionais insubstituíveis

Proposição	Concordo	Não concordo	Em branco
Ninguém é insubstituível em uma empresa.	64%	35%	1%
Qualquer um pode ser um profissional insubstituível.	76%	23%	1%
Para ser um profissional extraordinário, é preciso saber resolver problemas.	48%	51%	1%
Ter ambição na vida é um aspecto positivo.	92%	7%	1%
A autoconfiança é um aspecto positivo e necessário para um profissional de sucesso.	96%	3%	1%
O importante é competir.	29%	70%	1%

(continua)

Tenho planos de ser diretor ou presidente da organização em que trabalho.	49%	50%	1%
Ser um profissional de sucesso só depende de mim mesmo.	67%	32%	1%
Eu me considero um profissional insubstituível.	15%	84%	1%
Sinto que tenho potencial para ser um profissional extraordinário.	41%	58%	1%
Quero me tornar um profissional insubstituível.	36%	63%	1%

Fonte: ABTD, 2011.

O mais impressionante foi constatar que apenas 36% dos entrevistados afirmaram que "querem se tornar profissionais extraordinários". Isso denota certa resistência a progredir profissionalmente associada à falta de crença nas próprias possibilidades, ou mesmo ao simples comodismo.

O poeta e autor Michel Margoni tem uma frase que contextualiza muito essa ideia: "Ninguém é insubstituível, mas, definitivamente, algumas pessoas são indispensáveis".

Por que tantas pessoas adotam uma visão passiva com relação à própria carreira? Por medo das responsabilidades que isso acarreta? Por acharem que não merecem algo melhor do que já conquistaram? Ou, ainda, por medo de sair da zona de conforto em que estão? Afinal, é preciso crescer para ser extraordinário. É preciso ter coragem e atitude para avançar. Mudar dá trabalho.

A passividade fatalmente leva o profissional a se tornar indiferente, e isso significa optar por ser medíocre. Segundo o dicionário, "medíocre" quer dizer algo médio ou mediano, sofrível; que está entre bom e mau; que está entre pequeno e grande; aquele que tem pouco talento, pouco espírito, pouco merecimento.

O profissional indiferente, além de não tomar a frente de ações importantes e manter a vida profissional à mercê do que os outros empreendem, é hábil em atribuir a terceiros a culpa das falhas que comete. Na tentativa de mudar as coisas, assumir responsabilidades e erros cometidos é difícil, em especial para aqueles que não são extraordinários nem pretendem ser.

Uma pesquisa realizada pela International Stress Management Association Brasil (Isma-BR) com mil profissionais indica que 47% das pessoas têm comportamento agressivo quando ocorre um erro e tendem a negar sua participação nele. Para os especialistas, atribuir culpa a terceiros indica que a pessoa não tem pleno controle da carreira. "Seja pela dificuldade de assumir os próprios erros, seja pelo medo de mudar, colocar-se como vítima e apontar o dedo para o possível culpado de seus insucessos pode ser um sinal de que sua trajetória profissional está seguindo uma linha descendente", afirma matéria da *Exame*.[7]

O profissional indiferente está condenado a continuar sendo alguém à margem do sucesso e, o que é pior, distanciando do destaque e do êxito a organização em que trabalha.

---

7. COMO ADMITIR o próprio erro sem prejudicar a carreira. **Exame**, 1º abr. 2013. Disponível em: https://exame.com/carreira/como-admitir-o-proprio-erro-sem-prejudicar-a-carreira/. Acesso em: 15 fev. 2024.

O QUE O MERCADO PROCURA

Cada vez mais, as organizações buscam profissionais que decidem, definem e fazem a diferença nos resultados. Contudo, o processo de buscar esses profissionais no mercado tem um custo muito alto, e não há garantias de resultados satisfatórios.

Além dos custos de busca e avaliação dos candidatos, a organização arca com diversos outros encargos a partir do momento que contrata um profissional, por exemplo: treinamento sobre cultura e valores organizacionais, treinamento operacional e manutenção para o período de adaptação na organização.

Para tornar a situação ainda mais complicada, um dos grandes problemas hoje é o "apagão de talentos". Com isso, muitas organizações estão olhando para o próprio quadro de colaboradores a fim de encontrar os extraordinários, justamente pela falta de mão de obra qualificada no mercado de trabalho. Reter os bons profissionais e ajudá-los a se tornar extraordinários demanda um investimento bem menor do que buscar novos profissionais. Além de dar muito mais segurança de sucesso, uma vez que o profissional já está inserido na organização, conta-se com o bônus de ele já conhecer a cultura e já ser conhecido por ela.

É em decorrência dessa realidade que surgem as melhores oportunidades de progredir na carreira. Afinal, existe a possibilidade de a organização estar buscando entre os funcionários um futuro profissional extraordinário.

Os profissionais que as organizações buscam precisam ir muito além da qualificação técnica: são necessárias habilidades comportamentais adequadas, que complementam o conhecimento no ramo de negócios e expandem as possibilidades de atuação. Nesse

A riqueza das organizações **29**

sentido, grande parte dos feedbacks dados aos profissionais se refere muito mais ao comportamento do que à qualificação técnica. Na maior parte das vezes, pessoas são demitidas por falta de habilidade comportamental.

Para conseguir um bom emprego ou crescer em uma organização, são importantes a formação acadêmica e a fluência em línguas estrangeiras (inglês e espanhol são praticamente obrigatórios). Contudo, a preocupação em pontos como cuidar da própria carreira, ter atitude proativa e disposição para aprender também é fundamental.

De qualquer forma, talento não basta. Uma das características que ajudam uma pessoa talentosa a se tornar um profissional extraordinário é o comprometimento. Em 2011, a revista *Você* S/A fez um levantamento com trinta companhias para saber o que elas buscavam quando recrutavam um jovem profissional.[8] O resultado da pesquisa pode ser visto no Quadro 2.

Quadro 2: Pesquisa revista *Você S/A* (competência)

Competência	%
Proatividade	67%
Disposição para aprender	47%
Aprendizagem rápida	43%
Flexibilidade	43%

(continua)

8. GIARDINO, A. O profissional que as empresas querem. **Você S/A**. São Paulo: Editora Abril, ed. 155, p.14-15, maio 2011.

Responsabilidade	43%
Boa reação diante de mudanças	40%
Habilidade para formar alianças	40%
Capacidade de liderar	40%
Reagir bem sob pressão	27%
Habilidade para se comunicar	23%
Maturidade emocional	23%
Poder de influência	13%
Capacidade de arriscar	13%
Assertividade	10%
Capacidade de admitir erros	7%

Já o resultado da pergunta sobre os pontos mais importantes quanto à qualificação dos empregados está disponível no Quadro 3.

Quadro 3: Pesquisa revista *Você S/A* (capacitação)

Capacitação	%
Formação acadêmica	97%
Fluência na língua inglesa	57%
Experiência profissional anterior	50%
Participação em atividades extracurriculares	47%

(continua)

A riqueza das organizações **31**

Formação relacionada à área em que vai atuar	43%
Pós-graduação ou MBA	27%
Outros	30%

NÃO BASTA TER HABILIDADES

A partir dessa pesquisa, vemos que as exigências podem ser distintas em alguns aspectos quando se trata de contratação ou da valorização de alguém que já está no quadro de colaboradores. O que se percebe, porém, é que hoje o mercado busca muito mais os diferenciais do profissional, além da qualificação.

É importante notar que, enquanto muitos profissionais seguem tentando encher o currículo de diplomas, cursos, MBAs e tudo o que está relacionado à qualificação técnica, para as organizações não é apenas o currículo que determina quem vai ocupar uma vaga – e menos ainda uma posição profissional com o perfil do funcionário "extraordinário".

A verdade é que todas essas capacitações e competências mais requisitadas são bases que ajudam o profissional na caminhada para se tornar extraordinário. Com elas, as chances aumentam muito. Contudo, o peso de cada competência dependerá de cada situação.

Nas organizações das quais faço parte, por exemplo, acontece o seguinte: quando temos de contratar jovens profissionais, prefiro o jovem inexperiente que mostra atitude de vencedor àquele que já vem cheio de vícios adquiridos nas organizações pelas quais passou.

Ouço muitos profissionais dizerem: "Eu não tive sorte na vida"; "Ele é o presidente da organização porque teve sorte"...

Há quem se atreva a dizer que alguém "é extraordinário porque tem sorte".

A sorte, sozinha, não leva muito longe. A melhor definição de "sorte" que já ouvi até hoje foi a seguinte: **sorte = oportunidade + competência**. Se você tem a oportunidade, mas não tem a competência e a coragem de enfrentar desafios, vai continuar sendo, no máximo, um "necessário" bem-colocado na organização. Quem tem competência faz a oportunidade.

Quem tem oportunidade, mostra competência e apresenta visão de futuro, buscando os próprios objetivos, claramente tem tudo para se tornar um profissional extraordinário. E não só a organização em que o indivíduo trabalha estará de olho nele, mas também todo o mercado.

A realidade profissional mudou muito. Ninguém pode ficar alheio a essas transformações. É preciso sair na frente se quiser conquistar um espaço no topo.

Antigamente, era comum profissionais passarem décadas em uma mesma organização. Hoje, as organizações buscam formas de atrair e reter talentos, mas também não hesitam em dispensar quem está estagnado no quadro de colaboradores.

Para ser um talento disputado pelas organizações é preciso ter as características de um profissional extraordinário, pois é atrás desse tipo de pessoa que as empresas estão indo.

Existe um desencontro enorme entre o que as organizações precisam e querem e o que o mercado de trabalho oferece:

- ✦ As organizações buscam habilidades, mas o mercado oferece profissões.
- ✦ As organizações querem competências, mas o mercado oferece especialistas.

A riqueza das organizações **33**

✳ As organizações querem profissionais diferentes, mas o mercado apresenta sempre currículos iguais.

O VALOR DOS TALENTOS

Apesar de toda a dificuldade para contratar bons profissionais e de as empresas estarem desesperadas procurando bons colaboradores e preocupadas com a retenção de talentos, muitas organizações ainda não acordaram para a importância de valorizar os próprios colaboradores. Não reconhecem o bom profissional, investem pouco em treinamento e não pensam duas vezes antes de cortar pessoal quando a ordem é baixar custos. Estão na contramão do que o mercado dita. E esse é um grande engano, porque os prejuízos decorrentes desse erro podem se tornar imensos para a organização e desestimulantes para o próprio profissional.

Do ponto de vista da organização, vamos pensar inicialmente apenas no fator "custo financeiro". Imagine uma pessoa que recebe um salário de 2 mil reais, está há cinco anos na mesma organização, tem um período de férias vencido e é dispensada sem justa causa. Levando em conta todos os encargos, o custo da organização para dispensar esse colaborador giraria em torno de 9.400 reais. Caso o colaborador fosse dispensado do aviso-prévio, esse valor subiria para algo perto dos 12.100 reais. Ou seja, a organização teria de despender em torno de cinco a seis vezes o valor do salário do colaborador para dispensá-lo.

A situação ficaria pior ainda se houvesse a necessidade de contratar outro colaborador para preencher a vaga aberta decorrente de uma demissão. Os custos de contratação e adaptação do novo profissional tornariam essa substituição mais onerosa. Vamos pensar um pouco além do custo financeiro: se a organização está arcando com essa despesa para dispensar um colaborador indiferente, que não interessa para a equipe nem para a empresa, então ao longo do tempo isso passa a ser um ganho para ela.

Se, porém, está dispensando um profissional necessário, a organização está também sofrendo um prejuízo no potencial de crescimento da própria força de trabalho, para além do custo em dinheiro. Se a organização está dispensando um profissional extraordinário, nesse caso, o prejuízo em dinheiro será a menor das preocupações. O prejuízo verdadeiro virá com o tempo e será muito maior do que os custos de dispensar o colaborador. Um profissional extraordinário que deixa uma organização é uma força importante com que se passa a não contar mais na busca dos resultados.

Do ponto de vista do profissional dispensado, sempre haverá prejuízos – se não financeiros, pelo menos em termos de quebra de rotina, incômodos de recolocação e até, em muitos casos, abalo da autoestima. Quanto menores forem a qualificação, a orientação e a ambição do profissional, maiores serão as dificuldades de superar essa mudança.

Quanto aos profissionais que estão a caminho de se tornar extraordinários, estes podem não encontrar grandes dificuldades de recolocação decorrente de uma eventual dispensa indevida por má gestão da organização; mas, de qualquer forma, terão de retomar a escalada profissional na nova empresa que os contratar. E isso pode gerar um atraso nos planos de ascensão de carreira.

O PERIGO DE DESPREZAR VALORES

Existem muitos profissionais que são boas promessas de destaque na organização, mas são dispensados prematuramente – ou mesmo de maneira injusta –, sem que tenham a chance de mostrar a real capacidade. Depois, acabam tendo um sucesso fabuloso em outras empresas onde são valorizados.

Nem todo talento ou profissional extraordinário consegue encontrar o caminho ideal na primeira tentativa. Nem sempre a organização dá as condições de que o funcionário precisa para mostrar tudo o que tem para oferecer ao negócio e crescer como profissional. Alguns demoram a encontrar a profissão que de fato querem e, por isso, fazem uma peregrinação por diversas atividades, até descobrir em o que faz sentido na carreira.

Vejamos alguns exemplos de pessoas que, mesmo consideradas descartáveis em algum momento, enfrentaram as dificuldades com confiança e conquistaram lugares "extraordinários".

Albert Einstein foi expulso da escola porque não tinha capacidade para aprender, mas a genialidade dele ficou registrada na história.[9] Lee Iacocca, um dos criadores do Ford Mustang, que está entre os carros mais cobiçados no mundo todo, foi demitido da Ford. Tempos depois, assumiu a presidência da Chrysler e a salvou da falência.[10]

Steve Jobs foi dispensado da diretoria da Apple um ano após lançar o Macintosh. Durante os cinco anos seguintes, criou uma companhia chamada Pixar, que fez o primeiro filme animado por computador, *Toy Story*, e se tornou o estúdio de animação mais bem-sucedido do mundo. Como se isso não bastasse, Steve foi

---

9. 20 FAMOSOS internacionais que foram expulsos do colégio. **Monet**, 2 jun. 2015. Disponível em: https://revistamonet.globo.com/Listas/noticia/2015/06/20-famosos-internacionais-que-foram-expulsos-do-colegio.html. Acesso em: 16 fev. 2024.

10. TROTT, B. Veja 8 fatos sobre Lee Iacocca, lenda automotiva que morreu aos 94. **Meu Carro**, 3 jul. 2019. Disponível em: https://www.uol.com.br/carros/noticias/reuters/2019/07/03/conheca-8-fatos-sobre-lee-iacocca-lenda-automotiva-que-morreu-aos-94-anos.htm. Acesso em: 16 fev. 2024.

chamado de volta à Apple, porque a organização estava afundando. E ele a reergueu.[11]

A artista gráfica brasileira Fernanda Viégas deu muitas voltas até alcançar a realização profissional. Tentou e errou, foi desacreditada, mas nunca desistiu. Depois de tanto buscar algo que realmente a realizasse, ela começou a trabalhar no laboratório de mídia do Massachusetts Institute of Technology (MIT), onde permaneceu por sete anos. Em 2005, descobriu a visualização de dados e criou um gráfico fantástico para organizar e-mails. Por causa de criações como essa, foi chamada para trabalhar na International Business Machines Corporation (IBM). Fernanda Viégas se tornou uma das mulheres mais influentes do mundo da tecnologia e dos negócios, transformando dados complexos em imagens simples, de modo que o público leigo pudesse entendê-los. Por mais que tenha demorado a encontrar essa vocação, Fernanda se destacou e se mostrou uma profissional extraordinária.[12]

Eu mesmo já me senti descartado em uma época da vida. Quando cursava o Ensino Médio em uma escola pública do estado de São Paulo, muitos professores diziam que eu não teria um bom futuro, pois era aluno da famosa "turma do fundão". Entretanto, eu acreditava em meu talento e em minha determinação acima de tudo. Hoje tenho três organizações sob minha gestão, sou palestrante e escritor e agradeço aos professores que, de certa forma, me incentivaram a provar que eles estavam errados.

11. MOHAMED, Y. Steve Jobs starting Pixar! **Medium**, 6 set. 2023. Disponível em: https://medium.com/macoclock/steve-jobs-starting-pixar-3af8a72cee24. Acesso em: 16 fev. 2024.

12. HONORATO, R. Uma brasileira influente no Google. **Veja**, 10 out. 2010. Disponível em: https://veja.abril.com.br/tecnologia/uma-brasileira-influente-no-google. Acesso em: 16 fev. 2024.

A riqueza das organizações **37**

Com todos esses exemplos em mente, uma coisa é certa: os "extraordinários" jamais se acomodam em uma situação de falta de estímulos e nunca desistem de fazer valer a própria capacidade de melhorar a realidade de uma organização, de um projeto, de um empreendimento.

Encontrar talento associado a comprometimento é descobrir algo raro e valioso, já que compromisso é um valor pouco cultivado em nossa cultura; mas é essa característica que faz um profissional valioso. A boa notícia é que é possível desenvolver o compromisso em sua equipe, treinando-a para que se torne cada vez mais composta de profissionais extraordinários.

Capítulo 2

O PROFISSIONAL EXTRAORDINÁRIO

Diversos empresários não sabem o que fazer para ter muitos profissionais extraordinários nas companhias. Curiosamente, muitos profissionais não sabem como dar um salto qualitativo na carreira ou não acreditam que são capazes de atingir grandes objetivos. Outras vezes, não procuram se interessar pelo que fazem e acabam desmotivados.

Uma pesquisa da Right Management,[13] uma das maiores organizações de consultoria em gestão de talentos e carreira, contou com a participação de 5.685 entrevistados e revelou que 48% das pessoas estão infelizes no trabalho. Notou-se também na pesquisa que quanto menores são o cargo e o salário, mais insatisfeitos são os colaboradores. Algo totalmente esperado, mesmo porque os mais altos salários costumam agregar também os maiores benefícios.

Apesar de toda essa insatisfação, são poucas as pessoas que, quando convidadas a dar um passo na direção de maior qualidade de vida no trabalho, melhor colocação profissional e maiores possibilidades de crescimento, têm a coragem de aceitar o convite e o desejo de partir para uma mudança na vida profissional.

---

13. DONATO, V. Pesquisa mostra que 48% das pessoas estão infelizes no trabalho. **Jornal Hoje**, 11 jul. 2011. Disponível em: https://g1.globo.com/jornal-hoje/noticia/2011/07/pesquisa-mostra-que-48-das-pessoas-estao-infelizes-no-trabalho.html. Acesso em: 16 fev. 2024.

Medo, insegurança e comodismo são alguns dos principais fatores que impedem as pessoas de arriscar um salto para os próximos níveis nas organizações – e, menos ainda, para o patamar dos profissionais extraordinários. É bom enfatizar que, apesar de dificultarem bastante a caminhada, nenhum desses fatores é impedimento para o profissional ambicioso, que adquire a consciência de que crescer só depende dele mesmo.

Costumo citar um exemplo do início de minha vida profissional, para deixar claro que podemos redirecionar nosso modo de pensar e agir e construir uma história de sucesso, a despeito das dificuldades, das dúvidas e da insegurança que possamos estar sentindo.

Comecei a trabalhar aos 16 anos na Associação Brasileira de Treinamento e Desenvolvimento (ABTD). Na época, já que estava em idade escolar, trabalhava das 14 às 18 horas. Como era muito jovem, não sabia ao certo o que queria fazer da vida. Se eu chegasse antes do início do expediente, ficava na portaria do prédio, esperando o tempo passar. Independentemente dos projetos que tínhamos, eu saía no final de meu turno sem me preocupar com termos ou não cumprido a missão daquele dia.

Na verdade, eu não apreciava nem um pouco o trabalho que fazia. Não me parecia algo que gostaria de fazer para o resto da vida. Contudo, ao longo dos meses, fui me apaixonando pelas atividades que eram desenvolvidas na organização. Esse foi um momento muito importante em minha carreira, pois aprendi a me envolver em novos desafios e a entender, cada vez mais, minha importância para os projetos que desenvolvíamos e a importância deles para os objetivos de minha vida profissional.

Passei a me dedicar por completo; dei a mim mesmo a chance de me desenvolver como profissional; procurei dar o melhor em

O profissional extraordinário **41**

meu trabalho e comecei a crescer em minha carreira. Assim, tornei-me vice-presidente da ABTD.

No entanto, eu queria mais. Com essa decisão, busquei novos caminhos e tornei-me sócio-diretor de um respeitado instituto de treinamento corporativo; hoje ministro palestras em muitas organizações do Brasil e em eventos no exterior. Meu empenho foi reconhecido pelos colegas de trabalho e, sobretudo, pelo mercado: são inúmeras as propostas de emprego que recebo de outras organizações.

Geralmente, o profissional que não se propõe a dar um salto qualitativo na carreira costuma ter dificuldades de deixar a aparente zona de conforto e segurança. Em grandes organizações, nas quais existe um plano de carreira bem-definido, é muito comum que esses profissionais fiquem acomodados com a situação e, com isso, não busquem uma progressão ainda mais intensa – ou seja, não ousem ir além do que está sinalizado.

Vários desses indivíduos provavelmente permanecerão insatisfeitos, mas continuarão trabalhando da mesma forma, sem buscar novas possibilidades de ascensão profissional.

Não saber ou não ter a coragem de se lançar a novos desafios em sua carreira é o caminho mais curto para se tornar um profissional indiferente – algo negativo para você e para a empresa à qual pertence. Isso é o mesmo que se colocar em uma situação frágil e candidatar-se a ocupar possíveis listas de demissões.

OS MODELOS CERTOS

Se há uma coisa que todas as pessoas extraordinárias têm em comum é que elas aprenderam com os vencedores. Observando indivíduos que alcançaram o sucesso, é possível perceber os pontos que os ajudaram no caminho para a vitória. O escritor e empresário Robert Ringer afirma que "a melhor maneira de obter altos níveis em sua vida é aprender diretamente com os grandes empreendedores. Devo tudo o que sou a muitas pessoas bem-sucedidas com quem aprendi".[14]

Em uma carta para um colega, o cientista inglês Isaac Newton afirmou que seu sucesso tinha sido construído com base nas realizações de outras pessoas. Ele escreveu: "Se vi mais longe, é porque estive sempre sobre os ombros de gigantes".[15]

Seguir os modelos certos tem sido muito verdadeiro para mim, em especial no que se refere aos maiores saltos qualitativos em minha vida e em minha carreira. Se você está trabalhando duro, é ambicioso e está se inspirando nas pessoas certas, isso será, sem dúvida, verdade para você também. Essa inspiração pode fazer toda a diferença em sua ascensão profissional.

Muitas pessoas, porém, ainda escolhem modelos com base em informações e conhecimentos limitados (e até mesmo equivocados), e acabam se espelhando em referenciais errados. Por exemplo, algumas pessoas se guiam por indivíduos que "ganham dinheiro fácil". Se a atividade é lícita ou não, se é ética ou não, esses não são fatores que importam para aqueles que resolvem se espelhar nesses profissionais. O que acontece? Modelos errados geram resultados errados. E em regra não inspiram os outros a trilhar os melhores caminhos; no médio e no longo prazos, levarão ao fracasso. Se um professor de matemática

---

14. RINGER, R. **Robert Ringer's 10 favorite mastermind sessions**. Disponível em: https://robertringer.com/downloads/10-favorite-mastermind-sessions. Acesso em: 16 fev. 2024.

15. NEWTON, I. *In*: **PENSADOR**. Disponível em: https://www.pensador. com/frase/MTMwMjY. Acesso em: 16 fev. 2024.

ensina uma fórmula errada aos alunos, eles podem até completar todos os exercícios, mas alcançarão resultados e soluções errados. Na vida também é assim. Se os modelos que usarmos como base não forem os corretos, se não forem os melhores, não atingiremos bons frutos e, consequentemente, os resultados não serão sustentáveis.

Ainda são poucas as pessoas que conversam e buscam orientação com profissionais de fato excepcionais. Tornar-se extraordinário, dessa maneira, passa a ser uma tarefa bastante complicada.

Na época da faculdade, tive uma professora de Filosofia que, de início, achava péssima porque cobrava demais os alunos. Já que não gostava do estilo dela, acabei não estudando e fui reprovado na matéria. Obviamente fiquei muito constrangido; porém, o novo semestre com essa mesma professora me fez ver a situação de outra maneira: ela queria que pensássemos diferente dos outros. Por isso, ela passou a ser um de meus modelos de profissional extraordinário.

Mestres inadequados levam você a destinos inadequados, errados ou aos quais você não quer ir. Chefes frustrados ensinam colaboradores a serem frustrados. Referenciais mal escolhidos fazem você desperdiçar seus esforços.

AUTORIDADE LEGÍTIMA

São as nossas escolhas que revelam o que realmente somos,
muito mais do que as nossas qualidades.
Alvo Dumbledore,
em *Harry Potter e a câmara secreta*[16]

---

16. ROWLING, J. K. **Harry Potter e a câmara secreta**. Rio de Janeiro: Rocco, 2000. p. 280.

A liderança dentro das organizações está intimamente relacionada à questão da autoridade. As pessoas que se propõem a ter um bom convívio social sabem que existe o imperativo de reconhecer as autoridades nessa convivência para viabilizar a vida em grupo, sobretudo nas organizações. Muitas pessoas são ensinadas a ter como base de comportamento o respeito à autoridade, mas o problema é que as autoridades em geral são impostas, e não legítimas.

Nossos pais e os líderes imediatos que convivem conosco no ambiente de trabalho são autoridades, e o ideal é que isso seja expresso de forma legítima. A importância e a influência deles normalmente são bastante fortes, tendendo a afetar nossos resultados de modo positivo ou negativo.

Se pais frustrados têm boa probabilidade de criar filhos frustrados e acomodados, líderes frustrados podem ensinar os colaboradores a replicar a frustração e a acomodação, o que distancia cada vez mais a chance de reunir um time de talentos comprometidos e profissionais extraordinários.

Por outro lado, quando os pais têm sucesso na profissão que exercem, influenciam de modo mais assertivo a escolha da carreira por parte dos filhos. Ruth Manus, no livro *Mulheres não são chatas, mulheres estão exaustas*,[17] diz que não deveríamos pedir desculpas a nossos filhos por termos de sair para trabalhar nem demonstrar culpa por estarmos saindo; precisamos mostrar o trabalho como algo positivo, como uma forma de nos sentir realizados, como a melhor maneira de conquistar nossos objetivos e construir um futuro melhor. Esse modo de ver o lado positivo de tudo com mais facilidade, aliado ao ato de suprir

---

17. MANUS, R. **Mulheres não são chatas, mulheres estão exaustas**: direitos, trabalho, família e outras inquietações da mulher do século XXI. Rio de Janeiro: Sextante, 2019.

a família, inclusive com lazer e estudos de qualidade, proporciona à criança uma base mais sólida para as decisões profissionais futuras.

É claro que não somos escravos dessas influências. Sempre podemos fazer de modo diferente e pegar outro caminho em nossa vida profissional. Apenas para ser justo em relação ao nosso poder de decidir nossa vida e não deixar você pensando que está condenado para sempre caso não tenha tido as melhores condições para crescer, quero dizer que, mesmo que não tenhamos pais incentivadores de uma história de sucesso, podemos, ainda assim, escolher nosso futuro – e ele pode ser de sucesso e conquista, já que só nós conseguimos decidir o que seremos e como agiremos diante das dificuldades. Vou dar um exemplo nesse sentido.

Meu pai, Vanderlei Cozzo, sempre foi meu modelo e referencial, e tem uma belíssima história de vida. A infância dele foi humilde, com muitas dificuldades. Morou em uma casa de um único cômodo com oito irmãos e os pais, Santos e Maria. Como acontecia na maior parte das famílias humildes da época, meus avós criavam os filhos com a intenção de que no futuro trabalhassem para ajudar a colocar comida dentro de casa. Infelizmente, por necessidade, os estudos viraram uma "prioridade secundária" na vida de meu pai.

Vanderlei, no entanto, queria mais do que isso. Aos 11 anos, resolveu sair de casa e buscar o próprio caminho. Foi atrás dos estudos no Seminário Menor de Aparecida do Norte. Por lá ficou muitos anos, até que ingressou na faculdade de Filosofia do próprio seminário. Desistiu, porém, para cursar Letras na Universidade de São Paulo (USP). Incansável na busca por conhecimento, meu pai ainda resolveu cursar Direito, também na USP.

Mesmo sem a orientação adequada de meus avós e com um pensamento diferente do deles, meu pai construiu a realidade de acordo com os sonhos que tinha de estudar e crescer. Buscou o próprio espaço e deixou marcas positivas em todas as organizações das quais fez parte.

Certa vez, nessas conversas de pai e filho, perguntei a ele por que tinha saído do seminário e perdido a vontade de ser padre. Ele respondeu: "Sabe, filho, quando fui para o seminário, eu queria ser o melhor padre do mundo – um superpadre –, que desempenhasse todos os papéis dentro de um idealismo absoluto. A realidade dos fatos, porém, me fez ver com o tempo que eu não seria um ótimo padre; com muito esforço, conseguiria ser apenas um bom padre. Não fiquei satisfeito e fui buscar o ótimo em outras áreas. Transitei por movimentos religiosos, sociais, políticos, associativos, sempre buscando o ótimo, até mesmo nas lutas e nas fugas da polícia nos idos de 1968 [em plena ditadura militar]. Confesso que nem sempre consegui ser o ótimo que eu queria, mas essa era uma forma de atingir meus objetivos e lutar era, é e será sempre minha forma de viver".

Sem dúvida, ele é meu exemplo máximo de profissional extraordinário e de pessoa excepcional. Um grande ídolo, que orienta sempre minhas decisões. Somos nós que decidimos o que queremos e podemos ser. É possível usar as influências à sua volta para acreditar que nada vai ser diferente ou para tentar fazer a diferença.

O outro tipo de autoridade em nossa vida está no ambiente de trabalho. Ali encontramos a figura do líder de equipe, do chefe imediato, dos superiores hierárquicos que têm autoridade direta sobre os profissionais. Esse líder pode desempenhar dois papéis básicos na vida do colaborador adulto, já formado e influenciado pela educação que recebeu em casa: ajudá-lo a acordar para o sucesso e mostrar que sempre pode mudar para melhor e fazer a diferença ou levá-lo a continuar atuando de modo medíocre, mantendo-se na insignificância dos profissionais indiferentes.

O indivíduo que recebe feedbacks realmente construtivos (falaremos mais sobre isso adiante) tem mais condições de mudar sua vida profissional para melhor. Aquele que tem nos superiores exemplos positivos de sucesso vê neles os melhores aliados para o próprio crescimento.

Um exemplo muito bom de organização que se preocupa com a motivação e a demonstração de reconhecimento dos colaboradores é a Campbell's Soup. Douglas Conant, que foi presidente dessa empresa por mais de dez anos, passava algum tempo todos os dias escrevendo notas de agradecimento aos colaboradores de destaque. E estimulava que todos fizessem o mesmo. Não por acaso, a organização foi líder mundial em vendas de sopas enlatadas.[18]

A boa liderança tem a capacidade de envolver a equipe e influenciá-la a ponto de fazer com que os membros queiram dar o melhor de si pelos resultados de todos. Esse é o caminho do sucesso.

No caso oposto, um líder sofrível passa aos colaboradores a ideia de que nada pode ser mudado, porque as coisas são como são e ponto-final. E esse conceito se enraíza naqueles que não têm discernimento, aumentando a probabilidade de fracasso.

No fim, a direção que alguém dá à própria vida depende muito da influência de quem essa pessoa considera uma autoridade.

---

18. DUNCAN, R. D. Close encounters: leadership and handwritten notes. **Forbes**, 6 abr. 2018. Disponível em: https://www.forbes.com/sites/rodgerdeanduncan/2018/04/06/close-encounters-leadership-and-handwritten-notes/.

Aquilo em que essa pessoa se transforma é fruto dos referenciais que ela tem e respeita.

O QUE FAZ UM PROFISSIONAL SER EXTRAORDINÁRIO

Não menosprezo os que buscam apenas sustentar a família, mas aplaudo de pé aqueles que lutam incansavelmente para sustentar sonhos. Pessoas de sucesso têm propósitos e lutam por eles. Perseguem as metas, vencem com resultados e não vivem de desculpas. Elas têm ambição e querem realizar coisas importantes. Profissionais extraordinários têm amor-próprio, vontade de vencer, comprometimento com os sonhos e entusiasmo para trabalhar por eles.

Pessoas de sucesso aprendem como fazer as coisas com mais eficiência e usam conhecimentos, talentos, energia e habilidades para produzir o máximo possível, ou seja, são comprometidas em alto grau. Os extraordinários também sabem admitir erros em vez de defendê-los. Mais ainda: são sempre aqueles que têm a coragem de arriscar, mesmo diante da possibilidade de errar. São rodeados de pessoas que os apoiam e encorajam. São líderes e têm pensamento positivo. São capazes de se engajar com aquelas pessoas que acreditam que podem fazer sucesso.

Profissionais extraordinários fazem aquilo que precisa ser feito, e não só o que gostariam de fazer. Eles não têm medo do trabalho e se comprometem a fazê-lo com maestria. Esses profissionais também são capazes de ouvir, pois entendem que sempre têm o que aprender. Eles sabem dizer "não" e são assertivos. Aceitam desafios e buscam oportunidades. Eles cultivam hábitos fortes e construtivos. Como afirmou o empresário Michael E. Angier: "Se você desenvolve os hábitos do sucesso, fará do sucesso um hábito".[19] É assim que pensam e agem os extraordinários.

Todos os dias, deparamo-nos com pessoas assim. Ultrapassando barreiras, transformando vidas, tornando-se bem-sucedidas, alcançando objetivos e realizando sonhos. Contudo, também encontramos aqueles que abrem mão da própria vida por não terem coragem de enfrentar desafios.

Na enquete que mostrei no Capítulo 1, um dado em especial me chamou bastante a atenção: apenas 36% das pessoas responderam que querem se tornar profissionais insubstituíveis. A princípio, achei um tanto estranho, mas depois, conversando com as pessoas, percebi alguns motivos pelos quais elas não dizem que querem ou não imaginam que podem ser insubstituíveis.

Ser insubstituível não significa criar uma dependência das pessoas em relação a você. Não significa que se você não estiver ali nada vai funcionar e tudo vai desmoronar. Muito pelo contrário. Ser insubstituível é criar, enquanto você está presente, o maior número possível de alternativas viáveis para quando você não mais estiver ali. Acreditar que é insubstituível é a verdadeira essência do profissional extraordinário.

É muito comum ouvir dizer que quem se considera extraordinário é "impromovível", ou seja, não deve ser tirado da função nem promovido. Contudo, ser insubstituível significa gerir o trabalho de maneira que ele possa continuar com qualidade e resultados, mesmo depois que você for promovido para outro departamento ou alce voos mais altos.

---

19. ANGIER, M. E. *In*: **PENSADOR**. Disponível em: https://www.pensador. com/frase/MTA1ODIzMw. Acesso em: 16 fev. 2024.

Outro exemplo: quando uma organização familiar se desintegra depois que o patriarca fundador se vai, isso acontece porque em geral ele não se preocupou em ser extraordinário no que diz respeito à própria sucessão. Ele não preparou a sucessão e deu chances para que a obra se desfizesse.

Quando a organização continua próspera, mesmo após a partida do fundador, porque ele preparou as bases para a continuidade dos negócios entre os herdeiros, isso significa que, de fato, ele foi um empresário extraordinário. O caso de Steve Jobs é um bom exemplo: após muitos anos do falecimento dele, o sucesso da Apple ainda é uma realidade. Jobs sempre estará presente no legado da marca, o que permitiu que a organização desfrutasse de continuidade e que as pessoas envolvidas nela se capacitassem para administrá-la. Walt Disney criou uma organização de excelência. Depois de mais de quarenta anos de sua morte, os valores e o legado que ele deixou para os colaboradores permanecem. Disney conseguia vender sonhos para todos da equipe, pois acreditava que sozinho não conseguiria realizá-los.

O verdadeiro profissional extraordinário não é aquele que se amarra ao cargo que ocupa e afasta todos os pretendentes ao posto. O extraordinário é aquele que prepara o maior número de pessoas possível e as capacita a assumir o cargo quando ele for promovido.

Lembro-me de uma ocasião em uma das organizações que visitei: um líder de equipe controlador e "dono do posto" acabou não recebendo uma promoção para gerente. O diretor justificou a não promoção com a seguinte frase: "Não promovemos você porque em sua equipe não há ninguém que possa substituí-lo". Esse aparente elogio, em termos de construção de carreira profissional, é o mesmo que colocar a corda no próprio pescoço e chutar o banco que está sob os pés.

Em outras palavras, esse líder amarrou tudo a si mesmo, não dando chances para que outros aprendessem e crescessem. Tentou garantir a própria posição de liderança sonegando informações para a equipe e acabou estagnado no próprio cargo. E, quem não cresce, cedo ou tarde se torna dispensável.

GARRA E AMBIÇÃO PARA SER BRILHANTE

Ser extraordinário parece uma ideia muito além do que diversas pessoas estão acostumadas a considerar. Como vários profissionais se mantêm na passividade, com a autoestima baixa, sem investir na própria carreira, isso tira deles a garra necessária para buscar as condições de se tornarem excepcionais.

Infelizmente, as pessoas pensam que para se tornar excepcional é necessário um esforço enorme, uma capacidade inigualável; que é preciso ser um gênio, ou ter sorte, ou qualquer coisa desse tipo, senão não será possível chegar lá. Elas pensam que isso está muito além da própria capacidade e concluem que se tornar extraordinárias não é para elas.

Sem dúvida, tornar-se extraordinário exige planejamento, trabalho e dedicação, mas, acima de tudo, exige consciência do próprio potencial e decisão de fazer as mudanças para chegar lá, além de garra para se engajar nessa jornada com determinação. Isso tudo está disponível para todos aqueles que quiserem ousar.

A ambição é capaz de mover as pessoas, de fazer que ajam em busca do que almejam. Acredito que você já tenha notado que em diversas organizações existem pessoas plenamente capazes, muito boas no que fazem, mas que passam a vida trabalhando nas mesmas coisas, "especializando-se" ao extremo, de modo que jamais deixam aquela atividade para ascender a uma posição de liderança.

Ao mesmo tempo, notamos pessoas com menor capacidade técnica e menos conhecimentos do que aqueles especialistas, mas galgando posições no alto escalão da organização e progredindo na carreira.

Quais são as diferenças entre esses dois tipos de profissionais? Uma delas, sem dúvida alguma, é a ambição. Quem não tem ambição não progride tanto quanto poderia. Se não há ambição, o talento não tem alimento para evoluir.

Vou contar três segredos que descobri com base na observação de muitos profissionais, nas mais diversas organizações:

- ✦ Todo profissional que é extraordinário precisa sempre se dedicar a manter-se extraordinário. Afinal, hoje em dia, tudo muda muito rapidamente. O que mais destrói esses profissionais é a acomodação com o sucesso já obtido.
- ✦ Todo profissional que é necessário e não luta para ser extraordinário acaba se tornando um profissional indiferente.
- ✦ Um colaborador indiferente que não busca ser um necessário, e então um extraordinário, estagnou na carreira. Se continuar parado, vai acabar se tornando dispensável.

A diferença entre ser um extraordinário ou ser apenas mais um no quadro de colaboradores de uma organização está em realizar de verdade sua missão de vida ou passar por ela sem marcar presença.

Lembre-se de que só seremos lembrados pelos benefícios que nossas ações trouxeram às pessoas e à organização em que trabalhamos. Essas serão as marcas de nossa carreira.

O profissional extraordinário **53**

ATITUDES PARA SE DESTACAR

Ainda que as pessoas se diferenciem umas das outras, é comum que muitas delas sigam apenas padrões que não as levam a ter sucesso. Quem deseja se destacar, ser acima da média, precisa de vontade, atitude e dedicação para transformar as oportunidades em sucesso, independentemente do período da vida no qual esteja ou das dificuldades que enfrente.

Além disso, é necessário sempre buscar desafios, pois o profissional que se acomoda na mesmice do dia a dia não poderá se tornar excelente e não será capaz de gerar resultados significativos. É preciso agir de forma correta para manifestar o potencial e começar a se sobressair no âmbito pessoal e no ambiente corporativo, tornando-se um profissional extraordinário.

Seu sucesso depende de suas escolhas e de quanto você está disposto a se doar e a investir no que deseja. Para ser um profissional extraordinário, de sucesso, seu trabalho deve ser sua diversão e sua paixão. Tenha sede de aprendizado e invista no próprio desenvolvimento. Quando você vê seu trabalho como uma missão de vida, encontra tempo e motivação para se tornar um profissional indispensável.

O profissional de sucesso é aquele que não espera as coisas acontecerem, mas age, trabalha e vai atrás dos resultados. O profissional que faz a diferença se sobressai na organização sobretudo por ter algumas características bastante desejáveis no mercado de trabalho, abordadas a seguir.

Gostar do que faz

Um profissional extraordinário gosta daquilo que faz. A motivação é o fator mais importante, e essa ocupação proporciona a ele satisfação, realização e bem-estar. Fazer o que gosta é diferente de gostar daquilo que faz. Fazer o que gosta é se dedicar às coisas que dão prazer, e isso nem sempre é relevante em termos de trabalho. Por exemplo, você pode gostar de dançar, e até dançar muito bem, mas isso não o ajudará diretamente em sua carreira profissional se você ganhar a vida trabalhando como engenheiro. Em termos de mercado de trabalho, a realidade é: nem sempre você vai conseguir trabalhar com aquilo de que gosta. Isso é um fato.

Gostar do que faz na carreira, no trabalho, significa ter paixão pelo dia a dia profissional. Isso não denota que você fará 100% tarefas que ama. Eu, por exemplo, costumo dizer que faço, em 80% de meu tempo, tarefas das quais não gosto (resolver burocracias, viajar, dormir longe de minha família etc.), para passar 20% de meu tempo fazendo tarefas que eu amo (palestrar, por exemplo). Quando você ama o que faz, acaba vendo propósito até mesmo nas tarefas mais chatas; afinal, elas são peças fundamentais para fazer seu propósito "girar". Tem a ver com achar prazer em planejar, executar, participar de todo o processo e analisar aquilo com que você está envolvido, sempre em busca de novas soluções, de novas direções para fazer ainda melhor o que já faz. É sentir-se confortável e feliz em seu trabalho e, portanto, procurar fazê-lo cada vez mais bem-feito.

Fazer o que se gosta é muito importante, mas nem todos têm a oportunidade de realizar esse desejo. O mercado de trabalho é competitivo, por isso a vaga ideal nem sempre é uma realidade. Gosto muito da filosofia de Confúcio, e uma das frases atribuídas a ele que me chama a atenção é: "Escolha um trabalho que você ame e não terá que trabalhar um único dia em sua vida".[20] Concordo plenamente, mas prefiro dizer, para adequar essa verdade à nossa realidade: goste daquilo com que trabalha e não terá que trabalhar um único dia em sua vida.

Neste ponto, é importante deixar claro que os extraordinários sabem muito bem como associar o trabalho ao prazer – e não à dor. Eles agem sempre com esse objetivo, porque sabem que essa é a condição mínima para se realizarem profissionalmente.

Provocar mudanças ao redor

Outro ponto notável nos profissionais que fazem a diferença é este: não importa o que é ou não atribuído ao cargo que ocupam, e sim o que eles podem fazer para melhorar as coisas ao redor. É isso que os torna especiais; é a contribuição deles que faz que se destaquem da média de profissionais que só "carregam o piano".

O profissional extraordinário é capaz de provocar mudanças muito maiores do que a maioria se julga capaz. Para você compreender melhor essa ideia, vou contar uma pequena história: o engenheiro, escritor e inventor norte-americano Buckminster Fuller é frequentemente citado pelo uso que fazia do conceito do *trim tab* como uma metáfora para a liderança e a capacitação pessoal. O *trim tab* é um pequeno dispositivo, na borda do leme de um navio, que ajuda a manter a embarcação estável. É um leme em miniatura. Mover apenas essa pequena guia provoca baixa da pressão ao redor do leme, que o puxa para a direção certa. E o navio todo se reposiciona seguindo aquela nova direção. É um

---

20. CONFÚCIO. *In*: **PENSADOR**. Disponível em: https://www.pensador. com/frase/NTIwODUx. Acesso em: 18 fev. 2024.

pequeno dispositivo capaz de provocar mudanças naquilo que é muito maior do que ele.

Na edição de fevereiro de 1972 da revista *Playboy*, Fuller disse:

> *Algo me ficou muito claro uma vez, enquanto eu pensava sobre o que um homem pequeno poderia fazer: um pequeno esforço individual tem potencial para ser como um* trim tab *e gerar grandes resultados no mundo ao seu redor.*[21]

Pessoas extraordinárias estão sempre conscientes da própria capacidade de agir como um *trim tab* para corrigir os rumos e buscar resultados dentro da organização.

Oferecer sempre soluções eficazes

O profissional que faz a diferença é capaz de oferecer soluções eficazes para os problemas. Posiciona-se de modo que possa avaliar como cada problema pode ser resolvido e projeta a solução. Ele se antecipa, é proativo. Os desafios aparecem o tempo todo, mas o profissional extraordinário não foge deles nem os deixa para os outros resolvê-los.

Superar crenças limitantes

Muitas pessoas acham que são muito novas, ou muito velhas, ou inexperientes, ou incapazes. Ou têm qualquer outra crença que as leva a pensar que não têm nada de excepcional. Contudo, a diferença

---

21. POPOVA, M. The magic of the "trim tab": Buckminster Fuller on the greatest key to transformation and growth. **The Marginalian**, 21 ago. 2015. Disponível em: https://www.themarginalian.org/2015/08/21/buckminster-fuller-trim-tab. Acesso em: 18 fev. 2024.

dos extraordinários é que eles não se entregam a essas crenças limitantes. Eles lutam para impor a própria vontade de vencer.

Saber para onde ir

Os profissionais extraordinários sabem exatamente aonde querem chegar na organização em que trabalham e na carreira como um todo. Eles têm consciência do objetivo de vida e do que fazer para alcançá-lo. Para ser extraordinário, antes de tudo é preciso ter visão de futuro: saber com clareza para onde você vai.

Investir em conhecimento e autoconhecimento

O profissional extraordinário investe em conhecimento e autoconhecimento. Aquele que se conhece tem autoconfiança, característica essencial para o sucesso. Tendo em mente que a visão que se tem de si mesmo é importante para os resultados que a pessoa alcançará, os profissionais extraordinários são aqueles que confiam no próprio trabalho e tratam tudo com equilíbrio e ponderação, além de manterem a autoestima em alta ao atualizarem constantemente os próprios conhecimentos e abordarem o aprendizado como um processo contínuo.

Projetar os passos com atenção

Profissionais extraordinários projetam ações. Projetar metas faz parte da carreira daqueles que querem ocupar, ou já ocupam, o topo da escala profissional. Sem dúvida existem imprevistos na vida, o que dificulta traçar um plano exato, mas quem não tem clareza em relação a para onde vai e como vai é muito mais afetado pelas situações de crise que surgem. Não dar importância ao planejamento, demorar a elaborá-lo ou adiar a implementação dele é dar-se por vencido antes mesmo de começar a disputa.

Extraordinário é aquele profissional que traça rumos com cuidado e regularidade. Quem planeja pouco se contenta em ser apenas um profissional necessário, e aquele que nada planeja já assumiu a qualificação de profissional indiferente. Falta de planejamento leva ao uso inadequado das próprias qualidades e dos próprios recursos, além de realçar defeitos.

Ir sempre além

Estamos vivendo uma era na qual um dos grandes problemas é o desperdício de potencial humano. Algumas pessoas com capacidade para brilhar contentam-se em permanecer nas sombras, à margem do sucesso, por não se considerarem capazes de ser mais do que são. Falta crença na própria capacidade e faltam estímulos das organizações para que os colaboradores cresçam. O escritor alemão Hermann Hesse escreveu: "Não existe nada tão mau, selvagem e cruel na natureza quanto os homens normais".[22]

Como você já percebeu, o profissional extraordinário é muito mais do que o que é considerado "normal" no mercado de trabalho. Ele é diferente, faz a diferença. Tome as rédeas de sua carreira e dê a ela a direção que lhe interessa. O profissional extraordinário não precisa esperar surgir uma vaga em uma organização, pois vai atrás das oportunidades, busca o trabalho que deseja e faz a própria carreira, em vez de deixar os outros decidirem por ele. Muitas vezes, é procurado pelo mercado com tentadoras ofertas de emprego.

22. HESSE, H. *In*: **PENSADOR**. Disponível em: https://www.pensador.com/frase/MzUxMTk. Acesso em: 18 fev. 2024.

PERMANEÇA FAMINTO E TOLO

Walt Disney, Steve Jobs e Jeff Bezos são grandes exemplos de personalidades que fizeram coisas que outros consideraram impossíveis. São exemplos de profissionais extraordinários, com atitudes geniais – e a essência da genialidade está em fazer e tentar fazer o impossível, sem se preocupar com aquilo que os outros vão pensar.

Steve Jobs encerrou um discurso[23] que proferiu para uma turma de formatura da Universidade Stanford com a seguinte frase: "*Stay hungry, stay foolish*", que em tradução literal significa: "Permaneça faminto, permaneça tolo".

Ao dizer "permaneça faminto", ele quis observar o seguinte: não é porque você se formou em Stanford que tem garantia de sucesso para o resto da vida. E podemos ir além: Jobs reforça a importância de manter a "fome" por aprimoramento, para nos mantermos relevantes em um mundo em transformação constante.

O Fórum Econômico Mundial apresentou uma pesquisa em 2018 apontando que 65% das crianças que estão na educação infantil hoje vão trabalhar em empregos que ainda não existem. De acordo com uma pesquisa feita pelo Institute for the Future (IFTF) em 2019, cerca de 85% dos empregos que serão ocupados em 2030 ainda não foram criados.[24] Vale ressaltar que esses dados

---

23. DISCURSO Steve Jobs (legendado) completo. 31 maio 2012. Vídeo (14min24s). Publicado pelo canal **i3onlinebr**. Disponível em: https://www.youtube.com/watch?v=45xrq0wpqv4. Acesso em: 21 jan. 2024.

24. GARCIA, M. Neste 1º de maio, veja 20 dados surpreendentes sobre o futuro do trabalho. **Blog FlashApp**, 28 abr. 2023. Disponível em: https://flashapp.com.br/blog/tendencias/dados-futuro-do-trabalho. Acesso em: 18 fev. 2024.

foram levantados antes da pandemia de covid-19, um período que acelerou ainda mais as transformações e inovações tecnológicas.

O "permanecer tolo" diz respeito ao espírito de aprendiz: querer aprender sempre, sem preconceitos ou crenças limitantes, assim como uma criança. Vou explicar: quando pensa no aprendizado de inglês, quem você acha que aprende mais rápido, uma criança ou um adulto? Uma criança, é claro! Por quê? Porque ela não tem medo de errar, ela não se limita, ela arrisca! Eu me lembro de que, quando me mudei para os Estados Unidos, em 2015, acreditava que já falava inglês. Eu tinha feito um curso intensivo no Brasil, mas, ao mudar de país, descobri que ainda tinha muito a aprender. Meus filhos, então, não falavam uma palavra sequer em inglês, mas em três meses estavam quase fluentes. E qual é o motivo da velocidade de aprendizado de uma criança? Porque a criança não tem medo do que os outros vão pensar. Elas simplesmente vão lá e fazem.

Quanto mais nutrirmos essa vontade de aprender sem medo, mais longe conseguiremos ir. É inevitável: precisamos sair da zona de conforto para aprender mais.

O profissional extraordinário mantém a fome de se aprimorar constantemente e se permite aprender sem as amarras de preconceitos e medos.

Capítulo 3

A IMPORTÂNCIA DO PROPÓSITO PARA A FIDELIZAÇÃO DE CLIENTES

Tudo começa com seu propósito, sua missão – ou seja, com o porquê de você fazer aquilo que faz. Entender seu porquê é fundamental para ser um profissional extraordinário. Para ir ainda mais longe, também é importante mapear os comportamentos que suportam esse seu propósito, algo de que falarei mais a fundo no próximo capítulo.

Simon Sinek, no livro *Comece pelo porquê*,[25] descreve o "círculo dourado", que pode ser representado por uma cebola que você vai descascando, tirando as camadas, até chegar à essência. O propósito está nessa última camada. Para descobri-lo, é preciso entender as outras camadas que o cercam: primeiro, entendendo **o que** você faz; depois, **como** você faz; para, então, chegar ao **porquê** de fazê-lo.

Podemos traçar um paralelo comparando um negócio à construção de uma casa. Quando você constrói uma casa, qual é a primeira coisa a fazer? A base, o alicerce, a fundação. Fundação é propósito. Se você tiver uma missão fraca – ou seja, uma fundação malfeita –, a casa cai. O propósito é o alicerce, a base de sua empresa.

---

25. SINEK, S. **Comece pelo porquê**: como grandes líderes inspiram pessoas e equipes a agir. Rio de Janeiro: Sextante, 2018.

Veja um exemplo da importância de cuidar de seu alicerce: uma pesquisa realizada pela Gallup[26] indica que empresas que têm um propósito claro e inspirador engajam 4,4 vezes mais os colaboradores.

É preciso ter autenticidade no propósito – e isso não é novidade. Aristóteles já dizia, trezentos anos antes de Cristo, que o propósito, ou a vocação, é quando os talentos se encontram com as necessidades do mundo.[27]

Estudos mostram que uma organização com missão clara ou autêntica tem 79% mais clientes que querem comprar produtos ou serviços dela; e 77% dos clientes se relacionam mais com empresas que transbordam o propósito em ações.

Certo dia, vi uma imagem que tocou meu coração. Dois meninos estavam sentados em frente à casa deles vendendo sucos. Na banquinha que eles montaram havia uma folha de papel com os dizeres: "Estamos vendendo sucos para ajudar uma senhora a comprar uma cadeira de banho e fraldas". Pronto. Eles compartilharam o propósito e, com isso, venderam muito mais e com mais rapidez.

Infelizmente, a realidade é que grande parte das empresas faz o contrário. Elas têm missão, visão e valores em um quadrinho, mas não vivem aquilo no dia a dia. Certa vez, eu estava fazendo uma reunião com o diretor de RH de uma grande multinacional e perguntei sobre a cultura, o propósito, a missão, a visão e os valores da organização. Questionei se isso era algo evidente para todos. Ele respondeu: "É claro! Deixe-me pegar um quadrinho na

---

26. GALLUP. State of the Global Workplace: 2023 Report. **Gallup**, 2023. Disponível em: https://www.gallup.com/workplace/349484/state-of-the-global-workplace.aspx. Acesso em: 9 maio 2024.

27. ARISTÓTELES. *In*: **PENSADOR**. Disponível em: https://www.pensador.com/frase/MTU2Nzg0OQ. Acesso em: 18 fev. 2024.

recepção, que eu mostro a você". Se está no quadro, mas não está dentro das pessoas, tudo isso não existe.

Todos nós vendemos produtos ou serviços. Só que a venda, pura e simples, não demonstra valor. É preciso transbordar seu propósito e vender a transformação que ele, por meio do produto ou serviço, gerará na vida das pessoas – e elas entenderão, então, o valor do que você oferece, não se importando com o preço a ser pago pelo produto ou serviço. Vamos olhar para a Disney e Universal, por exemplo: os parques em Orlando cobram, em média, 150 dólares por um ingresso de um dia. A grande questão é que eles não vendem o ingresso em si, mas a experiência de passar um dia em um mundo mágico. Ou seja, não é um investimento para andar em montanhas-russas, mas para viver a transformação a partir do produto ou serviço adquirido.

Outro exemplo: Red Bull é um dos energéticos mais vendidos e conhecidos do mundo – e isso não é exatamente por conta do sabor: ele pode até ser o mais gostoso dos energéticos, mas tenho certeza de que o maior apelo é saber vender bem a mensagem de que ele dá asas e ideias às pessoas. Esse é o propósito da Red Bull.

Quanto maior é a clareza do propósito, maior é a conexão com o cliente. Há uma frase de Simon Sinek que é muito marcante para mim: "Pessoas não compram o que você faz. Elas compram o porquê você faz".[28] Sua missão não tem a ver com sua empresa. **Tem a ver com o impacto que suas ações têm na vida das pessoas – e esse impacto é seu legado.**

Um grande amigo, Elias Leite, que foi presidente de uma importante empresa da área da saúde, escreveu o livro *Líder de resultado*, e

---

28. SINEK, S. *In*: **PENSADOR**. Disponível em: https://www.pensador. com/frase/MjUzNzc1Ng. Acesso em: 18 fev. 2024.

nele cita a diferença entre herança e legado, explicando que **herança é aquilo que você deixa para as pessoas, e legado é aquilo que você deixa nas pessoas**.[29]

Acredito que propósito tem a ver com a essência, com o porquê, com as marcas e os impactos que deixamos no mundo. Seu propósito pode mudar ao longo da vida? Em minha opinião, sim. Muitas pessoas acreditam que nascem com uma missão, mas creio que o propósito vai se construindo de acordo com os momentos da vida. Pode ser que você tenha uma missão hoje, mas daqui a dez anos tenha outra diferente, que depende daquilo que você faz e de com que trabalha. Às vezes aquilo que você faz hoje tem certo impacto na vida das pessoas, e o que você pode fazer amanhã terá outro – e tudo isso faz parte de seu legado. Porém, é possível descobrir seu propósito atual e não querer sair dele: e tudo bem! Talvez você esteja feliz fazendo aquilo que faz hoje, e está tudo certo.

Veja este exemplo marcante: dona Rose foi uma cast member que trabalhou por 55 anos na Disney. Ela só teve uma função a vida inteira: recolher os ingressos das pessoas que chegavam ao parque. Fazia isso todos os dias. E era feliz. Meu amigo Leandro Waldvogel, que trabalhou com ela na Disneylândia, Califórnia, perguntou em um dos últimos dias de trabalho da dona Rose: "Por que a senhora fica feliz todos os dias, fazendo a mesma coisa por cinquenta e tantos anos? A senhora não se cansa de simplesmente recolher ingressos das pessoas que chegam ao parque?". Dona Rose deu um sorriso e respondeu: "Aqui na Disney, eu não tenho a função de simplesmente recolher o ingresso das pessoas que chegam ao parque. Eu tenho a

---

29. LEITE, E. **Líder de resultado**: o poder da gestão que entende de gente, desenvolve pessoas e multiplica resultados. São Paulo: Gente, 2017. p. 178.

responsabilidade de dar o primeiro sorriso". Dona Rose descobriu, naquilo que ela fazia, o impacto que causava na vida das pessoas, e isso a fazia feliz. Então, ela seguiu esse propósito até o final do trabalho.

Em um de meus workshops, uma advogada não entendia qual era o propósito dela. Ela vendia serviços jurídicos nos quais analisava os contratos dos clientes para evitar que estes fossem processados ou tivessem que processar alguém. Eis que um participante fez o seguinte comentário: "Se eu contrato você, uma advogada, para prevenir que eu tenha que processar alguém ou que seja processado, para mim você vende paz". É isso. Estamos falando de impacto. Estamos falando de propósito.

Ganhar mais dinheiro, fazer a empresa crescer, fidelizar mais clientes – tudo isso são as consequências do porquê, do propósito, da missão. O porquê é a essência, o intangível, a construção de um legado. O porquê da Red Bull não é vender energético, é dar asas e ideias para as pessoas. O da Disney é criar felicidade. O da Apple é melhorar o mundo. O da dona Rose era dar o primeiro sorriso. O da advogada é promover paz. Todos esses exemplos não têm preço e transformam a vida das pessoas.

Capítulo 4

OS COMPORTAMENTOS DETERMINAM A CULTURA DA ORGANIZAÇÃO

A cultura come a estratégia no café da manhã.
Frase atribuída a **Peter Drucker**[30]

A cultura reflete, basicamente, costumes e tradições que não são físicos e precisam ser reproduzidos e vivenciados.[31]

No cenário empresarial, cultura é o conjunto de comportamentos das pessoas dentro de um ambiente, de modo que é essencial entender a cultura que você precisa criar dentro de sua empresa para que ela possa suportar seu propósito – ou seja, os comportamentos que você precisa adotar para chegar ao seu propósito.

Voltemos à analogia da construção de uma casa: se o propósito é a fundação e o alicerce, a cultura (ou os comportamentos) são as paredes e colunas que dão sustentação à casa para que ela não desmorone com qualquer choque ou movimentação.

É importante ressaltar que não existe cultura certa ou errada. Empresas como Amazon, Apple e Disney têm em comum uma cultura forte, mas, no papel, elas são completamente diferentes entre si, pois espelham acima de tudo a visão e os valores dos respectivos fundadores: Jeff Bezos, Steve Jobs e Walt Disney.

---

30. DESCONHECIDO. *In*: **PENSADOR**. Disponível em: https://www.pensador.com/frase/MjkxNzk5Mg. Acesso em: 18 fev. 2024.

31. CULTURA IMATERIAL. *In*: **ENCICLOPÉDIA Significados**. Disponível em: https://www.significados.com.br/cultura. Acesso em: 24 fev. 2024.

O cliente não se conecta com o produto ou serviço. Ele se conecta com a história. Nós não amamos a Apple; nós amamos a história da Apple. Nós não amamos a Disney; nós amamos a história da Disney. Paradoxalmente, muitas vezes não valorizamos nossa própria história. Há colaboradores que não sabem quando a empresa foi fundada, por quem foi fundada e, muito menos, por que ela foi fundada. Quanto mais você valorizar a história de sua empresa para seus colaboradores – e, porque não, para seus clientes –, mais eles estarão conectados com sua história, com sua essência. E isso fará você ter mais resultados.

Simon Sinek resume tudo o que penso em uma simples afirmação: "**100% dos clientes são pessoas. 100% dos funcionários são pessoas. Se você não entende de pessoas, não vai entender de negócio**".[32]

Existe uma prática no mundo corporativo chamada *benchmarking*, que consiste em um processo de comparação de produtos, serviços e práticas empresariais com o objetivo de melhorar funções e processos de determinada empresa, além de ser um importante aliado para vencer a concorrência.

Mas copiar o comportamento do outro é garantia de ter o mesmo resultado? Depende, e aqui está o segredo: não adianta copiar a cultura ou os comportamentos de outra empresa ou profissional sem entender a essência necessária para obter o mesmo resultado.

Todas as empresas têm um conjunto de comportamentos, mas nem todas têm a cultura que desejam. Todas as organizações têm

---

32. SINEK, S. **100% of customers are people. 100% of employees are people.** 28 out. 2009. Twitter: @simonsinek. Disponível em: https://twitter.com/simonsinek/status/5232157344. Acesso em: 18 fev. 2024. Tradução nossa.

cultura, um jeito de ser, mas algumas não descobriram o jeito de ser que as ajudará a atingir o propósito.

CULTURA QUE ENCAIXA E CULTURA QUE NÃO ENCAIXA

Existe a cultura que encaixa e a que não encaixa. Vou trazer dois exemplos aprendidos com o grande amigo Cauê Oliveira, diretor do Great Place To Work, de empresas que estão entre as melhores para trabalhar no Brasil: Google e Bradesco. Enquanto a cultura do Bradesco é mais formal, mais quadrada, tradicional, a cultura do Google é mais informal e criativa – as duas funcionam para os respectivos propósitos e mercados, sendo impossível dizer que uma ou outra é "certa" ou "errada".

O mesmo vale para os colaboradores das empresas, que apresentam perfis diferentes. Assim, podemos considerar o seguinte cenário: algumas pessoas se adaptam melhor à cultura da formalidade do Bradesco e outras se adequam mais à cultura da informalidade do Google. Se colocarmos dez pessoas do Google para trabalhar no Bradesco e dez pessoas do Bradesco para trabalhar no Google, as chances de esses profissionais se adaptarem às novas funções sem sentirem algum choque cultural é quase zero.

Portanto, não há cultura certa ou errada. Existe a cultura que se encaixa com você, ou não, assim como a cultura que está alinhada com os propósitos da empresa, ou não. E esse encaixe cultural é importantíssimo para seu bem-estar profissional, seus resultados e os resultados de sua empresa. É por esse motivo que, atualmente, é muito comum que na etapa de recrutamento e seleção as empresas solicitem, além do envio de currículo, que os interessados realizem diversos testes, como o teste de mindset e o teste de *fit* cultural.

Assim, além de selecionar a pessoa com as qualidades técnicas desejadas, tende-se a ter maior sinergia entre a cultura da empresa e a do novo profissional. E isso, obviamente, vai potencializar os resultados de todos, já que as chances de contratação de profissionais indiferentes ficam muito menores.

Uma pesquisa realizada pela Global PwC em 2021[33] detectou que 79% dos CEOs acreditam que uma cultura humanizada e inclusiva é fundamental para o sucesso dos negócios. É fato. A cultura humanizada traz mais sucesso, mais resultado para a empresa.

Uma pesquisa realizada pelo dr. Pedro Paro em 2019, na Faculdade de Economia, Administração, Contabilidade e Atuária da USP, comparou os resultados das maiores empresas brasileiras listadas na Bolsa com as listadas como melhores empresas para trabalhar, ou seja, organizações com uma cultura mais humanizada, cujo bem-estar do colaborador está tão em foco quanto o resultado da empresa. O lucro dos negócios mais humanizados, em média, era duas vezes maior do que o das maiores empresas brasileiras – dado que comprova como uma cultura humanizada, na qual o bem-estar do profissional está em foco, ajuda nos índices de produtividade, engajamento e resultado.[34]

Em 2021, o Instituto de Tecnologia de Massachusetts (MIT), a pedido do jornal *The Washington Post*, promoveu um estudo nos

33. PWC. **Pesquisa global sobre crises 2021**. Disponível em: https://www.pwc.com.br/pt/estudos/servicos/consultoria-negocios/2021/Global%20Crisis%20Survey _ 21 _ VF.pdf. Acesso em: 20 fev. 2024.

34. PARO, P.; CAETANO, R.; GEROLAMO, M. **Humanizadas**: resultados gerais da pesquisa. 1ª Edição - 2019. São Paulo: USP, 2019. Disponível em: https://f.hubspotusercontent20.net/hubfs/7798874/Relat%C3%B3rio%20Geral%20Pesquisa%20Empresas%20Humanizadas%202019.pdf. Acesso em: 9 ago. 2024.

Os comportamentos determinam a cultura da organização

Estados Unidos para entender por que os colaboradores pediam demissão, e os pesquisadores perceberam um movimento de pessoas buscando uma rotina de trabalho mais livre e menos formal.[35] Os dados mostram que muitos dos entrevistados não queriam mais bater ponto das 8 às 18 horas ou fazer a mesma coisa todos os dias. Um dos motivos principais por trás desse movimento e dos pedidos de demissão das empresas era o profissional estar inserido em uma cultura tóxica ou em uma cultura na qual ele não se encaixava.

Contrariando as expectativas, nessa mesma pesquisa do MIT constatou-se que o salário não é o principal motivo para as pessoas saírem das empresas, e ele ocupa a 16ª posição entre as razões que levam à demissão. O principal motivo é a falta de *fit* cultural.

A LCA Consultores produziu uma pesquisa semelhante no Brasil[36] e constatou que, em momentos de prosperidade econômica, há aumento nos pedidos de demissão. As pessoas pedem demissão porque se sentem tranquilas a respeito da possibilidade de conseguir outro emprego, um que seja mais alinhado com as expectativas delas. Quando há crise e o mercado está incerto, poucos querem arriscar procurar novas oportunidades.

A partir de meados de 2021, ainda durante a pandemia de covid-19, os pedidos de demissão aumentaram consideravelmente. Além da perspectiva de melhora econômica, esse dado pode

---

35. SULL, D.; SULL, C.; ZWEIG, B. Toxic culture is driving the great resignation. **MITSloan Management Review**, 11 jan. 2022. Disponível em: https://sloanreview.mit.edu/article/toxic-culture-is-driving-the-great-resignation/. Acesso em: 9 maio 2024.

36. DEMISSÃO voluntária atinge recorde em 2023, indicando mudanças no mercado de trabalho. **Contábeis**, 7 fev. 2024. Disponível em: https://www.contabeis.com.br/noticias/63604/demissao-voluntaria-atinge-recorde-em-2023. Acesso em: 19 fev. 2024.

ser explicado pelo fato de que o período deixou claro que a vida é finita: passamos um terço da vida trabalhando. Se esse tempo não for gasto em uma função alinhada com nosso propósito ou em uma empresa cuja cultura reflita nossos valores, estamos perdendo um tempo precioso que nunca teremos de volta. É por isso que buscar culturas que se encaixem com você e fugir das que não se encaixam são atitudes tão importantes.

Imagine um quebra-cabeça no qual você tenta encaixar uma peça à força. Qual é a consequência desse encaixe forçado? Uma falta de liga e conexão – essa peça não fica no lugar; ela quebra, se desgasta. É exatamente o que acontece no movimento das empresas. Você pode até estar em uma empresa que paga um bom salário ou que dá bons benefícios, mas, se não se encaixar na cultura, o desgaste, o adoecimento e a síndrome de burnout são algumas das consequências que você sofrerá no futuro.

CULTURA E ESTRATÉGIA

Costuma-se atribuir a Peter Drucker uma frase brilhante, que vimos no começo deste capítulo: "A cultura come a estratégia no café da manhã". Mas será que ela está dizendo que a cultura é mais importante do que a estratégia? A resposta é "não". Ambas são extremamente importantes para o sucesso de um negócio.

A cultura se destaca como um diferencial competitivo quando, em contrapartida, muitas empresas focam apenas a estratégia do negócio. De nada adianta ter uma estratégia poderosíssima de marketing, vendas, fidelização e produto se você não cuidar da cultura, do jeito de ser de sua empresa. Por outro lado, não adianta ter uma empresa feliz, com um time em que as pessoas se amam, mas sem uma estratégia que traga resultados. Afinal, **uma cultura forte com uma estratégia fraca mata você de fome**.

Jack Welch, o lendário CEO da General Electric, escreveu sobre os quatro tipos de profissionais que as empresas têm.[37] O segundo e o quarto tipos mapeados por Welch referem-se a profissionais que não devem fazer parte do quadro de funcionários da empresa: o tipo 2 é composto de indivíduos que não se encaixam na cultura e não entregam resultados; o tipo 4, o mais polêmico, é composto de profissionais que até entregam resultados, mas não se encaixam na cultura da empresa – e muito menos a respeitam. Em ambos os casos, esses dois grupos devem ser eliminados, já que destoam do propósito do negócio. Vale ressaltar que, apesar de entregar resultados, o segundo grupo, por não se encaixar culturalmente, pode impactar de forma negativa o resultado dos demais colaboradores. Quando você desliga esse tipo de profissional de seu time, acaba potencializando o resultado das outras pessoas da equipe e, como consequência, melhora os resultados de toda a empresa.

O tipo 1 e o 3 falam de funcionários que devem fazer parte do quadro de colaboradores. O primeiro grupo é composto dos profissionais mais desejados, os extraordinários, que entregam todos os resultados. Já o terceiro é composto de pessoas esforçadas, que carregam os valores da empresa, mas ficam abaixo das expectativas quando o assunto é entrega. Nesse caso, é possível treinar e desenvolver tais profissionais, já que a questão é técnica, e não comportamental.

---

37. MALTAURO, J. E. **4 tipos de colaboradores de Jack Welch**. 6 fev 2017. LinkedIn: Jairo (Jay) Emerson Maltauro. Disponível em: https://www.linkedin. com/pulse/4-tipos-de-colabores-jack-welch-jairo-emerson-maltauro. Acesso em: 19 fev. 2024.

Vou citar um exemplo de um de meus treinamentos em Orlando. Uma das participantes comentou que uma consultora da loja de cosméticos dela era maravilhosa, muito amada pelas outras consultoras e pelas clientes. Ela era capaz de fidelizar consumidoras por meio da abordagem carismática que tinha, mas, por conta da performance de vendas abaixo da média, a participante estava pensando em demiti-la. Alertei essa empreendedora, comentando que talvez a consultora estivesse na posição errada na loja. Assim, sugeri que, antes de demiti-la, a participante fizesse um teste por três meses mudando a função da vendedora para a de recepcionista, na entrada da loja. Em três meses, essa consultora despontou como *hostess*! Ela era uma profissional com uma competência enorme de fidelizar os clientes, criando uma experiência de atendimento que fazia as pessoas se sentirem bem dentro da loja e voltar mais vezes. A recepção calorosa e a mudança de função refletiram no faturamento geral do estabelecimento, que aumentou em 20% – e esse resultado positivo, tanto para a profissional como para a empresa como um todo, só foi possível a partir do olhar cuidadoso para a cultura e a estratégia do negócio.

RECONHECIMENTO VS. RECOMPENSA

No ambiente empresarial, o reconhecimento e a recompensa desempenham papéis distintos, porém complementares, na promoção de uma cultura organizacional positiva e no desenvolvimento de funcionários engajados. Muitos focam apenas a recompensa, porém o reconhecimento pode ser mais efetivo no curto prazo.

O reconhecimento refere-se à expressão de apreço e valorização pelos esforços e contribuições dos colaboradores. Ele pode ser manifestado de várias formas: desde elogios públicos até feedback positivo sobre o desempenho individual ou em equipe do profissional. O reconhecimento ressalta habilidades, conquistas e comportamentos positivos dos colaboradores, fortalecendo o senso de valorização e pertencimento à organização.

Por outro lado, as recompensas são benefícios tangíveis ou incentivos materiais oferecidos aos colaboradores em reconhecimento ao desempenho excepcional ou ao alcance de metas específicas. Isso pode incluir bônus financeiros, promoções, aumento de salário, prêmios em dinheiro ou benefícios adicionais. As recompensas são vinculadas a objetivos mensuráveis, como metas de vendas, performance individual ou resultados da equipe, e visam motivar os colaboradores a alcançar as metas e reforçar comportamentos desejados.

Reconhecimento é mais importante do que recompensa, porque, enquanto as experiências ficam registradas na memória, os bens materiais podem acabar, gerando apenas uma felicidade momentânea – ou seja, enquanto a recompensa acaba, o reconhecimento fica. E, nesse âmbito, é essencial reconhecer os comportamentos que você deseja em seu negócio para que as pessoas os repitam e, consequentemente, fortaleçam a cultura. Muitas empresas hoje em dia estão adotando esse reconhecimento e fortalecimento cultural por meio de simples ações positivas, que demonstram a importância dos colaboradores para a empresa.

A Disney, por exemplo, tem "chaves", conceitos que guiam a cultura da marca há sessenta anos. Até hoje as equipes se reúnem frequentemente, por alguns minutos, para falar sobre elas. Mais do que isso: a organização tem uma ferramenta chamada Five Keys Fanatics ("Fanáticos pelas cinco chaves", em tradução livre), um aplicativo no qual qualquer pessoa pode dedicar um reconhecimento a outra. O conceito é o seguinte: se um cast member observa outro tendo uma atitude positiva de cortesia – uma das cinco chaves –, ele escreve um elogio e o registra no aplicativo. O resultado dessa ação é inevitável: o cast member elogiado, no dia seguinte, estará motivado a repetir o comportamento, porque foi reconhecido.

Não é necessário ter uma ferramenta tecnológica para implementar essa metodologia. É possível adotá-la perfeitamente usando um simples pedaço de papel. Eu garanto que, ao adotar práticas de reconhecimento como essa dentro de sua empresa, você transformará seus resultados. Isso é estratégia aliada à cultura, e esse é o caminho para se tornar um profissional extraordinário.

Capítulo 5

A LIDERANÇA DÁ SUSTENTAÇÃO AO PROPÓSITO E À CULTURA

O mundo que vamos deixar para os nossos filhos depende muito dos filhos que deixaremos para o mundo.

Mario Sergio Cortella[38]

iderança não tem a ver com cargo e não tem a ver com função: tem a ver com atitude. Muitos chefes não são líderes e muitos líderes não são chefes. Se você inspira alguém, se tem atitude resolutiva, você tem perfil e características de liderança.

Há várias pesquisas que apontam que a maior parte do engajamento dos colaboradores, ou seja, do resultado que eles trazem, depende da liderança à qual estão submetidos.[39]

Em 2013, durante a entrega do Troféu Imprensa, considerado o Oscar da TV brasileira, Silvio Santos teceu um surpreendente depoimento ao entregar o troféu para a atriz principal, Larissa Manoela: "Se você quiser seguir a carreira de atriz em televisão, não deve ficar no SBT. Você deve ir para a Rede Globo".[40] Ora, Larissa

---

38. E QUE mundo vamos deixar para os nossos filhos? – Mario Sergio Cortella. 3 maio 2023. Vídeo (32min01s). Publicado pelo canal Eu Posso. Disponível em: https://www.youtube.com/watch?v=lFQ _ cj7cTy0. Acesso em: 19 fev. 2024.

39. JVALÉRIO FDC. **Pesquisa: líder tem influência de até 70% no engajamento dos funcionários**. 13 jun. 2023. LinkedIn: JValério FDC Disponível em: https://www.linkedin.com/pulse/pesquisa-l%C3%ADder-tem-influ%C3%AAncia-de-at%C3%A9-70-engajamento-dos-funcion%C3%A1rios/. Acesso em: 19 fev. 2024.

40. FRAGUITO, G. O curioso conselho que Larissa Manoela recebeu de Silvio Santos. **Veja**, 17 ago. 2023. Disponível em: https://veja.abril.com.br/coluna/veja-gente/o-curioso-conselho-que-larissa-manoela-recebeu-de-silvio-santos. Acesso em: 25 jun. 2024.

Manoela era a artista que dava mais resultado para o SBT, e esperava-se que o dono da empresa quisesse reter esse talento, certo? Contudo, essa fala de Silvio Santos tem muito a ensinar. É importante colocar o interesse de seu colaborador acima dos interesses de sua empresa. Engajamento não é aprisionar, e sim estimular talentos. O que entendo que ele comunicou para a artista naquela fala foi o seguinte: "Eu quero que aqui você dê seu melhor. Mas também quero que você seja a melhor. Se isso não for possível aqui, que seja lá fora".

Se seu líder – ou você, como líder – valoriza os talentos, você vai entregar resultados, não importa se em um mês, em um ano ou em dez anos. Mas nem sempre, enquanto líder, você tem condição de dar o melhor para que a pessoa cresça. Se essa hora chegar, talvez seja o momento de aconselhar o profissional a procurar novas oportunidades.

Hoje, no mundo empresarial, não vale mais aquilo que você sabe, e sim o tamanho de sua disposição para aprender aquilo que ainda não sabe. Então, como líder, você deve estimular sua equipe a aprender e evoluir constantemente.

ENTENDENDO QUEM SÃO OS CLIENTES DA LIDERANÇA

O cliente não é apenas aquele que compra o produto ou serviço, mas também o colaborador – enquanto o primeiro é o externo, o último é o interno. Há também aqueles de quem talvez não nos lembremos, mas que nos esperam depois de um dia de trabalho: nossa família, nossos amigos. No fim, podemos dizer que **cliente é qualquer pessoa com a qual nós temos contato**.

Seguindo a analogia da construção da casa, na qual a fundação é o propósito e as paredes são a cultura, a liderança é o telhado. É ela quem protege a construção do sol e da chuva para que a estrutura não apodreça. Portanto, a liderança protege, guarda.

Mario Sergio Cortella, grande filósofo brasileiro, é autor de uma frase profética: "**O mundo que nós vamos deixar para nossos filhos depende muito dos filhos que a gente deixa para o mundo**". Isso vale não só para pai, mãe e filho, mas também para a relação humana como um todo, para líder e liderado, para as pessoas que vivem e convivem no mesmo ambiente.

Podemos, portanto, entender que o encantamento do cliente externo nada mais é do que a consequência do encantamento do cliente interno. O cliente que paga pelo produto ou serviço que você oferece só estará feliz se o cliente que **você** paga estiver feliz. E, para isso, é preciso ser um excelente líder.

Entenda: não adianta nada ser simplesmente um bom líder, porque bons líderes são aqueles que fazem a equipe acreditar neles. Excelentes líderes são aqueles que fazem a equipe acreditar no próprio potencial. **Líderes excelentes geram colaboradores excelentes que geram clientes satisfeitos e geram resultados**. No próximo capítulo, vou detalhar melhor esse ciclo de excelência.

Lee Cockerell, que foi presidente da Walt Disney World em Orlando por dez anos, liderando mais de 40 mil pessoas, e de quem eu tenho o privilégio de ser amigo, desenvolveu um conceito chamado **escada da liderança**,[41] que diz existir cinco níveis

---

41. COCKERELL, L. **Criando magia:** 10 estratégias de liderança desenvolvidas ao longo de uma vida na Disney. Rio de Janeiro: Sextante, 2009.

de líderes dentro de uma organização. Seguindo essa classificação, grande parte dos gestores está nos níveis 3 e 4; muitos são dos níveis 1 e 2 – mas precisam urgentemente ser treinados ou demitidos; e o nível 5 é bom para estar, mas perigoso para ficar.

Segundo a escada da liderança, o líder nível 1 é aquele que simplesmente espera alguém mandar nele. Esse perfil não tem uma atitude de solução de problemas e é zero proatividade. O nível 2 até pergunta o que precisa ser feito, até tem certa proatividade, mas não dá ideias e não evolui. O nível 3 refere-se àquele líder que faz o básico: até tem algumas ideias e certa proatividade, mas tem medo de arriscar e ir além. Os líderes excelentes navegam entre os níveis 4 e 5.

Você pode perguntar: então por que o líder excelente não fica só no nível 5? Porque, se o líder estiver apenas nesse nível, passará por cima de muitas coisas. O líder nível 5 é aquele que age e mantém a liderança informada, mas, muitas vezes, precisa agir sem demasiada ponderação. Quando ele faz isso a todo momento, sem compartilhar com os pares e a liderança, acaba impactando os resultados da empresa. O líder ideal é aquele que sabe recuar temporariamente para o nível 4, dando ideias e compartilhando-as com as pessoas, a fim de avaliar o impacto das decisões na estratégia da empresa. Quanto maior for a quantidade de líderes que você tiver nos níveis 4 e 5, maior e melhor resultado você terá.

Lee Cockerell ficava, em média, de 5 a 6 horas por dia na operação de Orlando, ou seja, ele passava 80% do tempo no campo, junto dos liderados, e dedicava apenas 20% do tempo a atividades burocráticas. Na maioria das vezes, nós invertemos esse processo. Passamos a maior parte do tempo cuidando de burocracia e a menor parte do tempo cuidado de gente. Ao agir dessa forma, você não é líder; você é chefe. Com frequência, as tarefas burocráticas são delegáveis. **Não há coisa melhor para o líder do que não**

A liderança dá sustentação ao propósito e à cultura   **85**

ter o que fazer – isso não significa dormir até mais tarde ou não ir trabalhar. Quanto mais tarefas burocráticas você delegar, mais tempo terá para fazer a gestão de seu time e, consequentemente, cuidar dos resultados da empresa.

Vou dar um exemplo prático: o CBTD é um congresso para cerca de 7 mil pessoas que acontece em São Paulo todos os anos. A ABTD, da qual sou diretor-executivo, contrata uma equipe de 120 pessoas para atender a esses 7 mil congressistas, entre eles a própria equipe da associação, com quinze ou dezesseis funcionários, e mais 105 a 110 trabalhadores temporários. Para realizar os três dias de evento, treinamos essas pessoas por dois dias e meio, norteados pelas atitudes que desejamos. Meu papel como líder no CBTD é, a cada hora, passar por todos os postos de trabalho. Isso não significa que estou apenas vendo se eles estão fazendo as tarefas corretamente; significa que estou verificando se eles estão bem, se estão cansados ou se precisam de ajuda. E é importante ressaltar que a ABTD tem uma liderança compartilhada, de modo que, a cada hora, alguém está passando naquele posto de trabalho no evento. É claro que temos tarefas, decisões e atividades burocráticas para cuidar, mas delegamos a maior parte dessas questões para ter tempo livre e cuidar de nossos times.

Walt Disney já dizia: "Espero que nossos cast members tratem uns aos outros da mesma forma que tratamos os nossos convidados".[42]

Certa vez, perguntei a Lee Cockerell o motivo de ele ter permanecido por dez anos como um líder amado na Walt Disney World. Ele respondeu com uma frase que mudou minha vida: "**A essência da liderança está em tratar as pessoas de sua equipe da mesma**

---

42. DISNEY INSTITUTE. **O jeito Disney de encantar os clientes**: do atendimento excepcional ao nunca parar de crescer e acreditar. São Paulo: Saraiva, 2011.

maneira que você gostaria que seus filhos fossem tratados quando eles forem trabalhar".

Um dia, levei meu filho Leonardo ao cinema. Na época, ele tinha 3 anos. Chegando à bilheteria, comprei dois ingressos, um para mim e uma meia-entrada para ele. O bilheteiro, querendo ser bonzinho, informou que, se eu dissesse que Leonardo tinha 2 anos, meu filho poderia entrar de graça. Eu respirei fundo, olhei para meu pequeno rapaz, que ficou esperando minha resposta, e disse: "Se eu falasse que meu filho tem 2 anos, eu estaria mentindo, e não é esse valor que eu quero que ele aprenda comigo. Se eu mentisse, meu filho poderia pensar: *Meu pai mentiu para levar vantagem, então isso é normal*. E esses 15 reais que eu deixaria de pagar no cinema me sairiam muito mais caro no futuro".

De novo, volto à frase do Mario Sergio Cortella: "O mundo que vamos deixar para os nossos filhos depende muito dos filhos que vamos deixar para o mundo".

UBUNTU: A ESSÊNCIA DE UMA EQUIPE ENGAJADA

Nós, seres humanos, somos condicionados a repetir o comportamento de quem nos lidera. Hoje não existe mais espaço para incoerência entre discurso e prática. Quanto mais eu emito um discurso que não tem coerência com minha prática, mais eu perco minha equipe.

O grande conceito da liderança está no ubuntu. Stephen Lundin, autor de *Ubuntu*,[43] baseou o livro em uma pesquisa que

---

43. LUNDIN, S. **Ubuntu**: eu sou porque nós somos! Rio de Janeiro: Saraiva, 2012.

fez na África para entender a relação entre a extrema pobreza e a extrema felicidade. Para isso, o autor realizou uma experiência. Ele pegou um balde de doces, mostrou para um grupo de crianças da tribo, colocou esse balde embaixo de uma árvore e propôs um desafio: uma corrida de 100 metros. A primeira criança que colocasse a mão no balde de doces o ganharia como prêmio para comer sozinha em casa. As crianças toparam o desafio, posicionaram-se atrás da linha marcada e, ao sinal de largada, levantaram-se, abraçaram-se e foram juntas até o balde de doces. Chegando lá, colocaram as mãos juntas no balde. O pesquisador ficou impressionado com essa cena e perguntou por que uma delas não saiu correndo para pegar o balde e levá-lo para casa sozinha. Uma das crianças, de 8 anos, com um sorriso no rosto, respondeu: "Ubuntu". Lundin questionou o que era ubuntu. E a criança respondeu: "**Como um de nós poderia ficar feliz se todos os outros estariam tristes?**".

Para mim, a verdadeira liderança está em quanto você espalha e inspira nos outros a atitude que você gostaria de ter – e esse processo começa com você. Dar o exemplo é a maneira mais efetiva de influenciar pessoas para que façam o mesmo.

É como disse Walt Disney: "Deixe o lugar limpo e as pessoas vão preservá-lo. Deixe o lugar sujo e as pessoas vão piorá-lo".[44] Você, como líder e profissional extraordinário, tem que ser o exemplo da cultura que quer para sua empresa – só assim seu time fará a mesma coisa.

---

44. DISNEY INSTITUTE. **O jeito Disney de encantar os clientes**: do atendimento excepcional ao nunca parar de crescer e acreditar. São Paulo: Saraiva, 2011.

VAMOS FALAR DE FEEDBACK?

Em minha visão, o feedback tem sido tratado de maneira equivocada em muitas empresas. Um amigo consultor, Bernardo Leite, fala muito de *feedforward*, aquele retorno que você dá e que leva a pessoa para frente. São os comportamentos positivos que vão inspirar as pessoas a fazerem melhor aquilo que elas já fazem bem.

Lee Cockerell afirma que existem dois tipos de feedback: o expresso e o cappuccino. O café expresso é aquele mais amargo, mais forte e mais puro; já o cappuccino é mais suave, mais doce e mais fácil de consumir em maior quantidade. Nessa analogia, o feedback expresso é aquele de melhoria. Deve ser curto e em menor quantidade, por ser mais amargo. Mas o feedback cappuccino é mais doce, mais suave. A pessoa vai gostar mais dele, e ele pode ser dado em maiores quantidades: é o elogio do comportamento que sua equipe tem e que deve ser repetido. Desse modo, quando você pensar em falar com sua equipe, pense mais em cappuccinos e menos em cafés expressos. Isso não significa que você não vai precisar dar o feedback de melhoria, mas, se apenas focar os feedbacks negativos, sua equipe certamente ficará desmotivada.

O papel da liderança é essencial para arraigar o propósito e a cultura nas pessoas. O principal erro das empresas é acreditar que, depois de construir o propósito e definir a cultura, tudo está pronto e os resultados vão acontecer de modo natural. O feedback é um dos maiores aliados da gestão para alcançar esse objetivo.

Capítulo 6

ENCANTAMENTO: COMO FAZER CLIENTES SE TORNAREM FÃS

Não adianta nada ser luz se não iluminar o caminho dos demais.
Walt Disney[45]

São os profissionais extraordinários que garantem a excelência em todas as organizações. E é no relacionamento humano que essa excelência se manifesta de maneira mais clara e perceptível.

Pense bem: você já deixou de comprar algum produto porque experienciou um atendimento ruim? Já comprou algo de que não precisava porque foi muito bem atendido? Já pagou mais caro por um produto porque teve uma excelente experiência de compra?

Atendimento é algo que acontece constantemente em nossa vida. Se pensarmos em todas as pessoas com as quais nos relacionamos, nessas relações existe atendimento. Todos nós sabemos que, se há excelência no relacionamento entre colaboradores de uma organização, qualquer negócio pode ser concretizado mais facilmente. Quando isso se refere a um produto ou serviço, pesquisas mostram que, se o atendimento é excelente, o preço é menos importante,[46] pois o valor percebido por um cliente compõe-se da seguinte maneira:

---

45. DISNEY, W. *In*: **PENSADOR**. Disponível em: https://www.pensador. com/frase/MTY1MDUy. Acesso em: 21 fev. 2024.

46. PESQUISA diz que consumidor prefere bom atendimento a preço baixo. **G1**, 26 abr. 2014. Disponível em: https://g1.globo.com/sao-paulo/ itapetininga-regiao/noticia/2014/04/pesquisa-diz-que-consumidor-prefere-bom-atendimento-preco-baixo.html. Acesso em: 26 jun. 2024.

★ 10% do valor está relacionado ao preço real do produto.

★ 90% do valor está relacionado à experiência do cliente.

Outra pesquisa mostra que consumidores, ao serem perguntados sobre o que os faz comprar em determinada loja, respondem em ordem de prioridade: (1) atendimento; (2) cumprimento do acordo; (3) qualidade do produto; e (4) preço.

Não é por outro motivo que as empresas devem fazer que os colaboradores agreguem valor ao produto ou serviço, mantendo sempre uma obsessiva preocupação com o atendimento, ou seja, com o relacionamento humano. Se você vai a um restaurante e não é bem atendido, por exemplo, o preço da experiência será um fator importante na decisão de voltar ou não ao estabelecimento. Mas, quando vai a outro restaurante e é bem atendido, o preço pode até ser mais alto, mas você pagará por ele e provavelmente voltará mais vezes ao local. O atendimento é capaz de fechar compras e fidelizar clientes.

A arte do relacionamento e do atendimento de excelência se conecta com o envolvimento mágico que as pessoas podem ter com uma marca por meio da experiência. Se um vendedor envolve você com a magia da excelência no atendimento, em geral você compra o produto ou serviço.

Por isso, em qualquer organização, e não apenas em relações comerciais, se um profissional acreditar que aquele é o melhor produto ou serviço, ele passará isso para a frente, conseguirá convencer as pessoas e, consequentemente, venderá.

O produto pode até ser mais caro, mas, se o profissional acredita que vale o preço e consegue, no atendimento, transmitir essa percepção de valor ao cliente, ele vende. E é por isso que é muito importante contar com profissionais extraordinários no time, pois eles saberão proporcionar a excelência no relacionamento com os consumidores, criar a magia e encantar.

Lee Cockerell já dizia que os três passos para ter uma organização que busca a excelência são: contratar bem, treinar bem e tratar bem. Organizações que incentivam o crescimento dos colaboradores têm maiores lucros, e aquelas que desestimulam os colaboradores reduzem as chances de lucro. Se mais profissionais praticassem uma dedicação real aos clientes, as organizações seriam mais lucrativas e os empregos estariam mais seguros.

A melhor maneira de uma empresa entrar para as listas dos negócios extraordinários é poder ter no quadro de colaboradores mais pessoas sensacionais, colaboradores extraordinários. Para isso, ela precisa investir no maior bem que possui: as pessoas. Somente dessa maneira poderá se diferenciar da concorrência, destacando-se por prestar um serviço inesquecível aos clientes, o que a colocará em um patamar mais alto no mercado ao qual pertence, independentemente de qual for.

O MODELO DE WALT DISNEY

Como já mencionei, uma grande expressão de experiência de qualidade para os clientes é alcançada pela empresa fundada por Walt Disney. Ele queria encantar as pessoas e, para isso, preocupava-se com todos os detalhes que trouxessem diversão, felicidade e satisfação aos clientes.

Ele não queria atender às expectativas, mas excedê-las, superá-las. Isso pode parecer puro idealismo, mas, na verdade, é uma estratégia bem clara e inteligente. Se ele apenas atendesse às expectativas, estaria fazendo como qualquer concorrente; seria mais do mesmo. Para ser diferente, é preciso ir além do que se espera, e é isso o que faz um produto – que a concorrência também tem – ser vendido por você em maior quantidade e até mesmo com preço mais alto.

Superar expectativas é a maneira de agregar um valor tão alto ao seu produto ou serviço que seus clientes pagarão o que for para tê-lo. Esse é um caminho eficiente para entrar para o rol dos extraordinários. Exceder expectativas é contar com um diferencial competitivo baseado em atendimento e experiência, e Walt Disney tinha isso muito claro em todas as ações. Por trás do mundo de encantamento que ele criou há uma estrutura que garante um sucesso estrondoso. As organizações Disney são hoje um grupo grande, com parques, resorts, filmes, streaming, produtos etc. Em todos, no contato direto com o cliente, a experiência é de excelência.

Disney deixou um legado: fazer tudo com paixão e amor. Mesmo após sua morte, tudo continua assim, nada se perdeu, pois ele garantiu uma maneira de as ideias se perpetuarem. Desde o início, tinha visão de futuro e certeza do objetivo, e esse é o primeiro ponto para ser extraordinário: saber aonde quer chegar. Assim, o Grupo Disney pensa com carinho e cuidado para que a marca seja sempre respeitada e cada vez mais valorizada, procurando garantir que o cliente tenha uma experiência sensacional.

A partir dessa premissa, tudo é diferenciado. A Disney chama os clientes de *guests*, ou seja, convidados, hóspedes. Os funcionários são cast members, membros de elenco, pois cada um faz parte de uma história e tem uma função no contexto maior.

Walt Disney criou o estúdio em 1923 e, em 1928, cunhou como "produto" um rato, o famoso Mickey Mouse. Se você analisar bem, é um animal repugnante, mas ele criou um contexto tão mágico que despertou o amor das pessoas por esse personagem. Em 1937, a Disney lançou o filme *A Branca de Neve e os sete anões*[47] e teve grande sucesso. Foi o primeiro desenho de longa-metragem que existiu, pois Walt queria fazer algo que os concorrentes ainda não tivessem feito, e essa é apenas uma amostra dessa personalidade de visionário. Em meu escritório, tenho um enorme quadro com uma frase de Walt Disney que muito me inspira: "É divertido fazer o impossível".[48] O complemento dessa frase, "porque é no impossível que há menos concorrência", deixa evidente a estratégia de ir além das expectativas como diferencial competitivo – Walt era mestre em fazer o impossível virar realidade e deixou esse legado para toda a equipe.

O CICLO DA EXCELÊNCIA

O complexo Walt Disney World em Orlando, na Flórida (Estados Unidos), recebe milhares de pessoas por dia. E é com base em excelência interna que ele começa a garantir a experiência extraordinária que valoriza a marca e os produtos que apresenta. A Disney sabe que a satisfação do colaborador é o primeiro passo para construir uma organização encantada. Por isso, todo novo cast member recebe um forte treinamento sobre a cultura da organização. A Disney pensa nas ações de treinamento com o objetivo de buscar o sucesso do ser humano, pois acredita que o sucesso da organização é uma consequência desse processo. Ela pratica uma estratégia que auxilia na ma-

47. A Branca de Neve e os sete anões. David Hand. EUA: Walt Disney, 1937. Vídeo (88 min). Disponível em: https://www.disneyplus.com/pt-br/movies/a-branca-de-neve-e-os-sete-anoes/7X592hsrOB4X. Acesso em: 6 ago. 2024.

48. DISNEY, W. *In*: **PENSADOR**. Disponível em: https://www.pensador.com/frase/NzU2MDY5. Acesso em: 20 fev. 2024.

nutenção e difusão da cultura entre todas as pessoas que trabalham na companhia: contratação, treinamento, reconhecimento de cada funcionário e reforço. Assim, a empresa garante um ciclo de excelência baseado nas seguintes premissas:

✶ Convidados extremamente satisfeitos vão trazer resultados financeiros e perpetuar o negócio.
✶ O principal fator que promove a satisfação dos convidados (clientes) é a interação com o elenco (colaboradores).
✶ Colaboradores excelentes são guiados, desenvolvidos e mantidos por excelentes líderes.

Essas premissas se encadeiam da seguinte maneira: líderes excelentes formam colaboradores excelentes, que interagem com os clientes de maneira excelente e trazem resultados extraordinários, o que promove a fidelidade à marca e garante a continuidade e o sucesso da empresa.

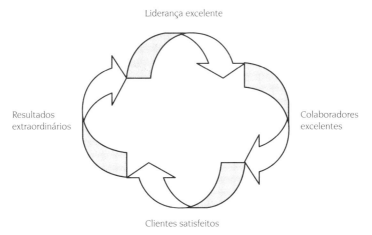

Ciclo de excelência

Liderança excelente

Já entendemos que o sucesso da organização depende do desempenho dos colaboradores. Todos os dias, os profissionais têm a oportunidade de criar valor para os clientes, mas eles não podem tomar todas as decisões sozinhos, pois precisam da condução de um líder, que deve ser excelente, e isso é fundamental para que os valores estratégicos da companhia estejam expressos em cada atitude dos funcionários.

Um líder é alguém que consegue influenciar a fim de promover mudanças. E repito o que falei no capítulo anterior: um bom líder é diferente de um excelente líder – o bom é aquele que faz a equipe acreditar nele; o excelente é o que faz a equipe acreditar no próprio potencial. Em geral, sabe-se que, nas organizações, quando há alto índice de troca de colaboradores e baixa retenção de talentos, isso decorre diretamente da atuação da liderança – o colaborador não pede demissão da empresa, e sim do líder.

A liderança excelente tem a função de transmitir com paixão os valores, a visão e a missão da empresa para os colaboradores, garantindo que todos andem na mesma direção rumo aos objetivos estratégicos estabelecidos.

Uma liderança excelente combina os esforços da equipe para que todos estejam envolvidos no ciclo de excelência, garantindo que ele se perpetue. Os líderes precisam demonstrar as diretrizes centrais e verificar se cada colaborador tem comportamentos condizentes com a criação de uma experiência marcante para os clientes, aproveitando todas as oportunidades para isso.

É a partir dos exemplos e das histórias que os líderes podem inspirar a equipe e mostrar para ela como promover na prática a excelência que trará o diferencial para a marca. Com isso, há um pé no passado, pela perpetuação do que há de bom, e um pé no futuro, para a visão da criação de novos capítulos da história. Aliás, usar o poder da história é uma estratégia poderosa, como falarei mais adiante.

Colaboradores excelentes

Os colaboradores excelentes são os profissionais extraordinários dos quais falei bastante até aqui. Como eles praticam um atendimento de excelência, garantem a satisfação dos clientes. Note que os profissionais extraordinários estão em todos os escalões da companhia.

Na Disney, existe o conceito de que todos são VIPs: não apenas *Very Important Person* (pessoa muito importante), mas *Very Individual Person* (pessoa muito individual). Cada um é alguém especial e único e merece ser tratado dessa maneira. É uma filosofia que garante a elevada empatia em relação a cada cliente.

Com isso, a fidelização ocorre naturalmente, pois o cliente encantado torna-se um fã. Em pesquisas feitas pela Disney, informadas nos cursos do Disney Institute, verifica-se que, entre os clientes, 70% já visitaram algum parque antes e 90% já se hospedaram nos resorts, o que representa um retorno muito alto e uma taxa de fidelização fantástica.

O processo da implantação da cultura de excelência começa, portanto, na seleção dos colaboradores. Como eles são cast members (membros de elenco) – e não funcionários –, devem ter em mente que cada gesto deles representará um gesto da companhia inteira. A estratégia de contratação inclui aptidão e atitude, conhecimento total da história e dos valores da organização e planejamento rigoroso na busca dos resultados.

Centenas de outros procedimentos são transmitidos diariamente a todos os colaboradores, acompanhados de informações sobre a organização e de autonomia para fazer o que os cast members consideram "o melhor" para os clientes, que, conforme mencionei, são chamados de "convidados".

A troca de colaboradores (turnover) é relativamente baixa, e todos ganham reconhecimento a cada cinco, dez, quinze e mais anos de trabalho. As pessoas são estimuladas a ficar, melhorar e sempre exceder as expectativas dos convidados e, assim, crescer na carreira.

Para uma organização que trabalha com magia e encantamento de todos (clientes internos e externos), não é um grande sacrifício para os colaboradores oferecer comprometimento e dedicação.

Clientes satisfeitos

Como efeito da liderança excelente e dos colaboradores excelentes, em todo e qualquer lugar que haja a chancela Disney o consumidor experimentará um atendimento de excelência de imediato. E é essa característica que torna os parques, os resorts e as lojas Disney eficazes, surpreendentes e deliciosamente aconchegantes. Os frequentadores ficam maravilhados e, às vezes, nem acreditam na experiência incrível que vivenciaram.

Uma pesquisa feita pela Universidade Harvard interessou-se em saber por que um cliente não volta a consumir determinado produto ou serviço.[49] No gráfico a seguir, vemos o resultado:

---

49. MARQUES, F. **Guia prático da excelência em serviços**: como conquistar clientes, aumentar os lucros e viver melhor! São Paulo: Nobel, 2006.

Por que um consumidor não repete uma experiência com um produto ou serviço

Fonte: Adaptado de Harvard, 2006.

O gráfico mostra que as empresas controlam 94% das razões para reter um cliente (não há o que fazer apenas se o cliente morreu ou não foi possível localizá-lo). A Disney faz isso com maestria, sobretudo resolvendo a principal razão que faz um consumidor não repetir uma experiência de compra: oferecendo um excelente atendimento.

Seguindo o conceito de que atendimento é qualquer ajuda de uma pessoa para outra, e que sempre que você atende alguém está se relacionando com essa pessoa, a Disney busca transformar essa interação na mais marcante e sensacional possível – e essa é a causa da grande satisfação dos clientes.

É claro que não é possível ter 100% de satisfação o tempo todo e para todas as pessoas que passam pelo negócio, mas a Disney busca manter a seguinte proporção: um momento trágico para 37 momentos mágicos. Com isso, minimiza a insatisfação e gera uma experiência de satisfação durante a maior parte do tempo. Quando a Disney enfrenta um problema, agradece como uma oportunidade de criar um momento mágico.

A cultura da Disney para encantar clientes

Até antes da pandemia da covid-19, em 2020, a Disney tinha quatro chaves que sustentavam o padrão de qualidade para garantir a satisfação dos clientes: segurança, cortesia, show e eficiência. Essas eram as prioridades operacionais e os critérios que asseguravam a entrega de um bom serviço para os convidados, servindo também a alguns propósitos fundamentais, como ter parâmetros para tomar decisões relativas a operações ou colaboradores (cast members), priorizar os detalhes que serão atendidos e permitir a medição consistente da qualidade do serviço.

Em 2019, a Disney fez um estudo para entender quais novas palavras deveriam fazer parte da cultura para que a empresa se atualizasse em relação ao mundo diverso e em constante transformação, e o resultado levou à palavra **inclusão**. Hoje, as cinco palavras (ou chaves) que orientam os comportamentos dos cast members da Disney são:

1. **Segurança**: é o que vem em primeiro lugar. É inegociável. É importante antever e prever o que vai acontecer, para se antecipar aos problemas. Segurança traz confiança e tranquilidade na experiência.
2. **Cortesia**: todos precisam ser positivamente amigáveis e tratar as pessoas com cortesia para gerar uma experiência agradável. Todos gostam de respeito e consideração; com esse tipo de atitude, é possível sempre exceder as expectativas.
3. **Inclusão**: com o movimento pela diversidade cada vez mais intenso na sociedade e no mundo corporativo, é importante

abraçar todas as pessoas, de todas as crenças, gêneros e orientações, para se manter congruente com os valores.

4. **Show**: o ambiente é fundamental e a imagem é tudo. Tudo conta uma história sobre o que uma empresa valoriza, tudo fala. Por isso, é preciso sempre dar um show. Limpeza, organização, beleza e surpresa fazem parte da estratégia de encantar os clientes.

5. **Eficiência**: ser eficiente é, antes de tudo, estar atento aos detalhes e pensar em cada um deles. Não há nada mais desagradável para um consumidor do que a ineficiência; portanto, esse é um parâmetro importante a ser considerado. Trabalhe com inteligência em vez de trabalhar mais.

Resultados extraordinários

Um atendimento de excelência que traz satisfação ao cliente cria conexões emocionais com ele. Por isso, é importante haver acolhimento familiar e humanização do atendimento. Com interesse genuíno em ter uma interação excepcional, as expectativas podem ser facilmente excedidas. Isso vai desde um sorriso até a cordialidade permanente.

É evidente que, com esse tipo de atendimento de excelência, que visa deixar clientes altamente satisfeitos, há um sucesso estrondoso que se reflete nos resultados. Os resultados são a medida mais direta da eficácia desse processo, e a Disney é, por si só, o maior testemunho da validade desse método, afinal, é muito claro que, para ela, o atendimento é algo estratégico dentro do plano de negócios.

A Disney é a maior comprovação do poder da fidelização para a gestão de uma marca. Os clientes dela são verdadeiros fãs e acabam se tornando os maiores promotores dos produtos e serviços, multiplicando a força da empresa de uma maneira que ela sozinha – com funcionários, comunicação e estrutura – não conseguiria fazer tão bem. Quem tem fãs como clientes tem grande parte do resultado já garantido.

CRIAR UMA CULTURA DE ENCANTAMENTO

O encantamento acontece quando você leva a emoção para o atendimento. Atendimento é algo robotizado, é processo; é uma ação seguindo um roteiro, um script, um padrão.

Existem várias pesquisas que indicam a importância do encantamento de clientes, e um ponto em comum em quase todas é o fato de que é muito mais barato fidelizar um cliente do que prospectar novos.[50] Diversas empresas chegam a investir milhões em marketing para conquistar o cliente no curto prazo, mas não investem em encantamento – movimento contrário ao das organizações mais valiosas e amadas do mundo, que usam verba de marketing para inserir o encantamento no processo de prospecção e fidelização de clientes.

Tive uma experiência muito interessante com a Apple. Antes de contar o exemplo, é importante explicar que a Apple não paga comissão para os vendedores. Embora no Brasil haja uma cultura de comissionamento para a equipe de vendas, essa empresa acredita que a comissão gera pressão, colocando o interesse do vendedor acima do interesse do cliente. Dessa forma, ela prefere pagar um salário acima da média para equalizar o que se paga normalmente no mercado e incentiva que o colaborador encante os clientes.

50. GOMES, G. Fidelização de clientes segundo Kotler: saiba como gerar valor! **Agendor Blog**. Disponível em: https://www.agendor.com.br/blog/fidelizacao-de-clientes-kotler. Acesso em: 20 fev. 2024.

Alguns anos atrás, antes da pandemia, eu ia dar um treinamento em um domingo. Na sexta-feira à noite, estava conferindo os slides da apresentação e, de repente, meu computador apagou. No sábado cedo, fui a uma loja da Apple para tentar resolver o problema. Falei com um atendente, ele deu alguns comandos e nada. Tratava-se de um problema que não daria para resolver na hora. Seriam necessárias duas horas para a assistência técnica avaliar o que estava acontecendo. Fui passear no shopping. Duas horas depois, voltei à loja, e o vendedor, com uma cara triste, disse que não havia conserto para meu computador e que ele teria que ser enviado para outra assistência. Seriam sete dias para o serviço ficar pronto.

Eu disse a ele que não poderia esperar, porque no dia seguinte teria um treinamento. Comentei que não tinha outro computador da Apple com backup, mas, por sorte, eu havia feito o backup em um *pen drive*, e perguntei se eles alugavam computadores. Recebi uma resposta negativa. O vendedor, vendo meu desespero, lembrou-se dos três princípios da Apple: simplicidade, detalhes e criatividade. Ele usou essas três palavras para resolver meu problema. A empresa tem uma política na qual o consumidor pode comprar qualquer computador e devolvê-lo em até 14 dias, sem qualquer questionamento sobre a devolução. O vendedor, então, sugeriu que eu comprasse um computador novo e, na sexta-feira seguinte, quando fosse pegar o meu, poderia fazer a devolução e receber o reembolso.

Acabei fazendo o que ele sugeriu, pois era minha única saída. Na semana seguinte, voltei, na esperança de encontrar o mesmo vendedor, mas ele estava de folga. Fui atendido por outra vendedora, também muito simpática, e expliquei meu problema. Meu computador estava pronto e funcionando. Como ainda gozava de garantia, não paguei nada. Na hora de devolver o outro computador, ela pediu o recibo e fez uma cara triste. Na sequência, explicou que, como eu havia realizado o pagamento com cartão de débito, não poderia ser feito o estorno; assim, me ofereceu a devolução do valor em dinheiro. Ou seja, eles absorveram até a taxa do cartão!

A Zendesk, uma empresa dinamarquesa com sede na Califórnia, fez uma pesquisa no pico da segunda onda da pandemia, uma das mais difíceis que enfrentamos com a covid-19. Cerca de 90 mil pessoas responderam a essa pesquisa, inclusive no Brasil. Os resultados foram assustadores: 76% das pessoas que responderam entendem que a experiência do cliente é mais importante hoje do que antes da pandemia. Essa é a prova de que o cliente está mais exigente. Por outro lado, um dado animador para quem trabalha com público: 82% das pessoas afirmaram que gastariam mais para ter uma experiência melhor.[51]

Tudo isso significa que quanto mais você melhora a experiência de seu cliente e cuida dela, mais dinheiro entra em sua empresa. A cofundadora do site Reclame Aqui, Gisele Paula, é autora de uma frase que amo: **"O cliente até perdoa se você errar. O que ele não perdoa é se você não resolver"**.[52] E é esse conceito que as empresas mais amadas do mundo estão adotando. Não há problema

---

51. TRIPOLI, M. Boa experiência é o novo marketing para 94% das pessoas. **MIT Technology Review**, 26 abr. 2021. Disponível em: https://mittechreview.com.br/boa-experiencia-e-o-novo-marketing-para-94-das-pessoas/. Acesso em: 20 fev. 2024.

52. PAULA, G. **Empresas são feitas por pessoas. E pessoas estão sujeitas ao erro**. 2021. LinkedIn: Gisele Paula. Disponível em: https://www.linkedin.com/posts/giselepaula _ empresas-s%C3%A3o-feitas-por-pessoas-e-pessoas-activity-6770287854791757825-ebsz/. Acesso em: 20 fev. 2024.

em errar; o maior problema é não assumir e não resolver o erro que está deixando seu cliente insatisfeito.

Os quatro pilares do encantamento do cliente

Existem quatro pilares que as empresas mais amadas do mundo usam para envolver os clientes:

1. **Encantamento**: não há possibilidade de encantar o cliente externo se o cliente interno não estiver encantado e engajado com a empresa.

2. **Visão**: olhar o problema como uma oportunidade. Em qualquer problema que seu cliente tiver, você tem a oportunidade de mostrar quão bom você é. Quanto mais você resolve as dores de seu cliente, mais ele fica encantado por você – na maioria das vezes, a solução pode ser simples e não custar nada, mas o impacto na experiência do cliente será valioso.

3. **Empatia**: ter um olhar empático é a única maneira de entender a necessidade do outro. Reconhecer as necessidades do cliente sem que ele precise dizer algo é uma maneira de aproximá-lo. A empresa encontra a melhor maneira de atender quando o colaborador se coloca no lugar do cliente e atende da forma como gostaria de ser atendido.

4. **Conexão emocional**: conectar-se emocionalmente é comunicar-se de forma íntima com o cliente e contar uma história emocionante, que defina a experiência dele com sua marca. A conexão emocional é de extrema importância para que o cliente saia encantado com sua empresa, acredite no que está adquirindo e promova seu produto para os outros. Um grande exemplo de conexão emocional aconteceu em um voo da Azul:

uma das passageiras estava chorando por conta de problemas pessoais. Ao notar a situação, um comissário de bordo entregou uma carta manuscrita para ela com o seguinte texto: "Eu acredito que todo processo em nossas vidas é necessário para que nos tornemos seres humanos melhores. Não sei o motivo da sua dor hoje, mas, em nome de toda a tripulação, desejo que você fique bem. Se quiser conversar, estamos todos à disposição. Fique bem, Nicolas Marinho".[53]

Quanto Nicolas gastou para minimizar esse problema da cliente? Nada. Apenas atitude e vontade de resolver o problema. Essa história viralizou nas redes sociais de tal maneira que a própria Azul a compartilhou em suas páginas, agradecendo ao Nicolas a atitude. Esse compartilhamento foi um reconhecimento pelo trabalho realizado e pela conexão emocional criada – como já abordamos, mais importante do que o aumento de salário (recompensa) é o reconhecimento (que é eterno) –, e todos saíram ganhando com essa atitude do comissário: a passageira, que foi confortada em um momento de dor emocional; a Azul, que teve o aumento da reputação com a promoção do ocorrido nas redes sociais; e o comissário, que foi reconhecido pela atitude honrável.

Como lidar com reclamações de clientes

Errar é humano e, como eu já disse, mesmo que a estratégia seja encantar sempre, agradar a todos é impossível. Em algum momen-

---

53. OLIVEIRA, R. de. Comissário da Azul vê passageira [...]. **Só Notícia Boa**, 20 jun. 2023. Disponível em: https://www.sonoticiaboa.com.br/2023/06/20/comissario-azul-passageira-chorando-bilhete-emocionante. Acesso em: 20 fev. 2024.

to você precisará lidar com a insatisfação de um cliente. O modo como você lida com essa situação também ajuda no processo de encantamento e na manutenção do atendimento de excelência. Então, minha recomendação é: sempre que você receber uma reclamação, use o método LAST:

1. **L, de *Listen***: escutar o que seu cliente tem a dizer. Não o interrompa em hipótese alguma. Se você interrompe uma reclamação, o cliente fica ainda mais nervoso. Eu sei que nossa tendência enquanto ser humano é tentar acabar com o desconforto o mais rápido possível, mas, quando escutamos genuinamente, acalmamos o cliente. Escutar genuinamente é exercer a escuta ativa, escutar com propósito e com atenção; não apenas ouvir, mas olhar para o problema do cliente.

2. **A, de *Apologize***: pedir desculpas. Pedir desculpas não é assumir responsabilidade pelo problema. Pedir desculpas é dizer que você entende a frustração de seu cliente. Em geral, quando você escuta genuinamente e pede desculpas, o cliente já se acalma.

3. **S, de *Solve***: resolver o problema. Nas empresas mais amadas do mundo, é muito comum o *first contact resolution*, ou resolução no primeiro contato. Não há coisa pior do que a empresa claramente tentar vencer pelo cansaço, jogando o cliente de um atendente a outro. Quanto mais autonomia você dá para sua equipe resolver os problemas, mais encantamento você gera.

4. **T, de *Thank***: agradecer a reclamação de seu cliente. Por que agradecer ao cliente que está falando mal de meu

Encantamento: como fazer clientes se tornarem fãs **109**

negócio? Porque ele tem duas alternativas. A primeira é simplesmente não reclamar e ir para o concorrente. A segunda, reclamar e dar a oportunidade de melhorarmos. Jim Cunningham, falecido facilitador do Disney Institute e um grande amigo, certa vez me disse uma frase muito marcante: "**Os clientes não estão certos sempre, mas você deve dar a eles a oportunidade de estarem errados de forma digna**".

Para finalizar este capítulo, vou contar uma história envolvendo o Grupo Boticário.

Dona Wanda perdeu o filho Alexandre para a covid-19 em 2021 e estava muito triste. No dia seguinte ao falecimento, Karyne, familiar da dona Wanda, foi visitá-la e a viu sentada no chão em um cantinho da casa, abraçada a um vidro de perfume. Karyne quis saber por que dona Wanda estava naquela posição. A resposta foi que aquele perfume tinha sido um presente do filho, o qual dizia que a fragrância era de cheiro de mãe. Dona Wanda contou que, sempre que ele ia visitá-la, ela usava aquele perfume, mas agora a fragrância estava acabando e ela não poderia mais se lembrar do filho.

Após a conversa, Karyne foi a uma loja do Boticário para comprar esse perfume, chamado Annete, mas, ao chegar lá, descobriu que o produto já não era fabricado há alguns anos. Ela, então, publicou nas redes sociais a história da dona Wanda e marcou o Boticário, perguntando se era possível que fizessem uma unidade do Annete. Alguns dias depois dessa publicação da Karyne, a dona Wanda recebeu uma carta em casa, escrita pelo doutor Miguel Krigsner, dono e fundador do Boticário, com o seguinte texto:

110 O poder da atitude

Querida dona Wanda,

Tomamos conhecimento do significado que o perfume Annete tem para as suas memórias. Resolvemos, com apoio de nossa equipe de fábrica, fazer algumas unidades dessa fragrância especialmente para você. Queria também contar que Annete é o nome da minha primeira filha. E que o perfume foi criado por ocasião do seu nascimento.

Com muito carinho,

Miguel G. Krigsner

Com essa carta, o Grupo Boticário enviou algumas unidades do perfume, em cujo código de barras estava escrito "Dona Wanda" e, logo abaixo, a frase: "Em memória de Alexandre Terra".[54]

Quanto o Grupo Boticário gastou para criar essa experiência para dona Wanda e os familiares dela? Garanto que muito pouco perto da explosão de comentários de milhares de pessoas que compartilharam essa história na época. Isso, obviamente, fortaleceu ainda mais a marca dessa empresa, que já era amada.

Como nos ensinou o gênio Walt Disney e sempre é dito nos cursos do Disney Institute: "**Faça o básico bem-feito, e o cliente vai gostar e voltar. Isso é fidelização. E o melhor: ele vai querer trazer outros para mostrar quão bem você faz aquilo que você faz**".

---

54. NARDELLI, B. Dona Wanda: a história da mãe que pediu ao Boticário perfume para lembrar do filho, vítima de covid-19. **Metrópoles**, 1º maio 2021. Disponível em: https://www.metropoles.com/vida-e-estilo/comportamento/dona-wanda-a-historia-da-mae-que-pediu-a-boticario-perfume-para-lembrar-do-filho-vitima-de-covid. Acesso em: 20 fev. 2024.

Capítulo 7

USE O MODELO DE EXCELÊNCIA NO SEU NEGÓCIO

Nos últimos capítulos, vimos diversos conceitos sobre atender com excelência e se tornar um profissional extraordinário. Esse conjunto de conceitos pode, em um primeiro momento, parecer impossível de ser assimilado, apresentando grande dificuldade ao pensar em cumprir as tarefas associadas a ele. Contudo, é mais simples do que aparenta e, no auge do envolvimento, tudo se torna fácil e até prazeroso.

Para facilitar, organizei de maneira prática as ideias para serem aplicadas em forma de lições. Foi assim que consegui implantar esse modelo de excelência nas organizações em que trabalho.

Depois de muitos anos visitando o Disney Institute e assistindo às palestras e aos cursos, resolvi aplicar o "Jeito Disney de ser" na ABTD, um esforço que, depois de um ano, resultou em melhorias concretas e até inimagináveis em nossos números. Isso não apenas porque implantamos o atendimento de excelência, mas porque trouxemos nossos clientes internos – os colaboradores – para perto de nós, mostrando a cada um a importância das tarefas diárias, desde as mais esporádicas até as rotineiras. Nosso colaborador é nosso melhor cliente, e é essencial que ele acredite que as atitudes profissionais positivas que toma são básicas para o sucesso de todo o negócio, uma vez que ele é a personificação da empresa.

Trago alguns números, apenas para dar uma ideia da diferença: em 2008, quando ainda não havíamos nos engajado nessa mudança, tivemos em nossos eventos cerca de 3 mil pessoas. Esse número cresceu exponencialmente e, no ano de 2023, alcançamos a marca de mais de 20 mil pessoas.

Conseguimos envolver até mesmo os colaboradores *freelancers*, contratados para cada evento – ou seja, aqueles que não fazem parte de nosso quadro fixo de colaboradores –, engajando-os com os conceitos de excelência. Isso foi feito por meio de palestras de sensibilização, treinamentos e, sobretudo, pelo exemplo de nosso time da casa. Assim, cada um que entra na equipe já começa engajado com a ABTD.

Ao implementar o "Jeito Disney de ser", tivemos crescimento médio de 14% ao ano; desse modo, mostramos a importância do trabalho de cada um na implantação do estilo de excelência e de que modo ele gerava resultados surpreendentes.

O cuidado com os detalhes foi a tônica de nosso processo. Uma história que falava sobre a limpeza da Disney foi especialmente marcante para nossa equipe. Contei a nossos colaboradores que, naquele imenso parque de encantamento e diversão, todos são responsáveis por manter o espaço limpo.

Os parques da Disney são limpíssimos, quase brilham. Um dia, um grupo de profissionais estava em um dos parques e viu um senhor de terno e gravata, que estava falando a um grupo, afastar-se para apanhar uma embalagem de sorvete jogada no chão e colocá-la em uma lixeira próxima. Mais tarde, no seminário a que o grupo assistia no Disney Institute, descobriram que aquele senhor que observaram era ninguém menos que um executivo do grupo.

O vice-presidente das organizações Disney contou, com orgulho, que todos os 60 mil funcionários do conjunto de parques são responsáveis pela limpeza. Se um membro do elenco vir um refrigerante estourar no chão e não tiver meios de limpar aquele estrago, tem a imediata obrigação de ficar por perto do local e chamar pelo rádio alguém que possa fazer o serviço. E essa instrução serve para qualquer colaborador, seja o vice-presidente ou quem cuida da entrada dos convidados. Costumo dizer que isso é assumir a responsabilidade pelo problema. A partir do momento que você vê algo errado acontecendo, deve assumir as rédeas e resolver a questão.

O que implantamos também na ABTD é a atitude simples de se antecipar aos problemas em vez de resolvê-los quando já estão instalados, como mostrarei a seguir. Se, por exemplo, em um de nossos eventos um dos colaboradores notar que alguém que acaba de chegar está perdido, não deve esperar que a pessoa procure o balcão para pedir informações, mas se aproximar imediatamente e perguntar: "Posso ajudá-lo?". A seguir, deve levar o participante, de preferência com um sorriso, ao lugar no qual ele precisa estar.

AS CINCO LIÇÕES DE EXCELÊNCIA

A seguir, mostrarei as lições que aprendi com a Disney para implantar um atendimento excelente, o qual permitirá à sua empresa construir um caminho que a conduza ao rol dos negócios extraordinários.

Lição 1 – Use o poder da história

As histórias são poderosas. Muitas empresas e líderes, a começar por Walt Disney, usam as histórias e o ato de contá-las para perpetuar a cultura da empresa. Os líderes da Disney usam o *storytelling* para criar uma conexão emocional com as pessoas, possibilitando a transmissão das tradições, da história e dos valores da empresa para os colaboradores.

De fato, nessa organização, muito do que se sabe tanto do passado quanto do presente é transmitido por meio de histórias interessantes, que são por isso lembradas e repetidas. Usar o poder do *storytelling* é uma das diferenças competitivas dessa organização de sucesso. Os líderes sabem que contar histórias aos colaboradores os estimula a fazer o mesmo com os clientes.

Acredite na história de sua organização, em sua história, e use seu poder para influenciar a todos, tanto colaboradores quanto clientes. Se a pessoa que trabalha em sua organização não acredita no ambiente em que ela está inserida, é o fim. Ela precisa saber a visão, a missão e os valores que sustentam sua organização, e saber também por que trabalha na empresa, aonde vai chegar etc.

É importante fazer sua equipe acreditar sempre, pois seus colaboradores são os primeiros compradores de seus produtos. Usar o poder de persuasão e contar uma história com maestria é algo que surte grande efeito.

Walt Disney sabia fazer isso como ninguém. No projeto do filme *A Branca de Neve e os sete anões* o primeiro longa-metragem de animação, ele usou o poder da história ao apresentar o conceito para a equipe.[55]

Em 1937, se ele dissesse aos colaboradores que faria um desenho animado em longa-metragem, eles não acreditariam e muito menos

---

55. A INCRÍVEL história por trás de *A Branca de Neve e os sete anões*, o primeiro filme de animação da Disney. **Disney**, 21 set. 2022. Disponível em: https://www.disney.com.br/novidades/a-incrivel-historia-por-tras-de-branca-de-neve-e-os-sete-anoes-o-primeiro-filme-de-animacao-da-disney. Acesso em: 20 fev. 2024.

Use o modelo de excelência no seu negócio **117**

defenderiam a ideia, o que era fundamental para que ela vingasse. Então, pediu que os colaboradores saíssem da sala.

Enquanto estavam fora, Walt Disney colou cartazes que representavam o filme inteiro, cena por cena, ou seja, o *storyboard* completo da animação. Se ele apenas dissesse que criaria um desenho de uma hora e meia de duração, todos o achariam doido. Contudo, ele criou uma história para envolver a equipe. Quando o time voltou, ele contou a ideia do projeto, detalhe por detalhe. Eles sabiam que Walt Disney era maluco, mas também capaz de tudo; totalmente envolvidos pelo clima criado, após sentirem credibilidade e entusiasmo, passaram a defender a ideia e se entusiasmaram com o projeto.

A equipe se dedicou tanto que o filme foi produzido e a empresa faturou milhões de dólares. Além disso, a obra ganhou um Oscar Honorário por ter executado uma inovação nas telas, encantando muitos, e ainda se tornou a pioneira em um novo e grande campo dentro do ramo do entretenimento, inaugurando uma nova categoria de filmes.

Com essa primeira grande empreitada, a Disney obteve lucro, pôde reinvestir em si mesma e cresceu para se tornar a gigante que conhecemos hoje. Criou um padrão para fazer magia… e todos compraram a ideia. Por fazer diferente, a empresa conseguiu realizar esse sonho e muitos outros.

Se você contar uma história com credibilidade, sua equipe vai acreditar nela. Se sua equipe acreditar, os clientes também comprarão sua ideia e sua mensagem. A história da própria organização é importante, assim como a missão. Ao envolver as pessoas com essa história, elas passarão a defendê-la também.

Isso permite que, mesmo que os fundadores ou líderes não estejam mais presentes, a empresa se perpetue, pois a cultura será mantida e repassada. Foi o que aconteceu depois da morte de Walt Disney e seu irmão, Roy Disney.

Em 1955, o sonho de criar um lugar em que crianças e adultos pudessem se divertir juntos deu início à Disneylândia. Onze anos depois, foi criado o projeto Flórida. De início, o projeto do parque era pequeno, mas Disney comprou um espaço dez vezes maior do que precisava, pois sabia que tudo ia se valorizar e aquele era o momento de adquirir por um bom preço.

Walt Disney queria realizar sonhos, queria criar um mundo em que todos virassem crianças. Queria que, ao ter contato com os parques e produtos, todos tivessem contato com o mesmo universo da imaginação que tinham quando eram pequenos.

Tudo estava pronto para ser construído quando, em 1966, Walt Disney morreu. Se ele não tivesse compartilhado todos os sonhos que tinha, contado as histórias e contagiado a todos, a empresa também teria morrido. No entanto, ele havia entusiasmado a equipe toda e feito todos comprarem essa visão. Roy, que estava aposentado, voltou para a companhia a fim de dar continuidade ao sonho do irmão, inaugurando, assim, a Walt Disney World em 1971. Foi um grande sucesso.

Mais uma vez, a história se repetiu. No ano da inauguração, Roy faleceu. A empresa tinha tudo para dar errado, mas o sonho era compartilhado, a equipe era unida. Todos acreditavam na visão do fundador da empresa e deram continuidade a esse sonho. Hoje, todos conhecem o legado de Walt Disney e sabem que a empresa é onde a magia e a excelência acontecem.

Por isso, use o poder das histórias para envolver sua equipe. Seu colaborador é seu melhor cliente. É ele quem tem que acreditar no produto e na importância do próprio trabalho. Isso é fundamental para o sucesso da empresa. Compartilhe os valores, a missão; perpetue sua ideia; contamine e contagie a todos com seus ideais e desejos de excelência e encantamento. A força das histórias ajudará você a cumprir essa missão com sua equipe.

Lição 2 – Antecipe-se aos problemas

Todas as organizações e pessoas enfrentam problemas diariamente. Para que você possa trabalhar com excelência, deverá não apenas resolvê-los da melhor maneira possível, mas antecipá-los. Assim, conseguirá surpreender e ir além. Para além disso, quanto antes você resolve um problema, menor ele é e mais fácil é a solução, já que a eficiência o ajuda a evitar confrontos e conflitos.

Se deixarmos um cliente chegar até nós com um problema, ele poderá vir emocionalmente descontrolado, e aí a situação tende a virar uma bola de neve. Se você o aborda antes, com certeza minimiza o estresse e o próprio problema. Na Disney, não existe aquela história de "não é problema meu". Tudo é problema de todos, sempre.

A Disney conta com inúmeros exemplos de antecipações de problemas e certamente por isso a estatística que eles exibem indica que 95% das avaliações dos clientes se referem a atendimentos positivos.

Há vários anos, eles fizeram um estudo e perceberam que todos os dias muitas pessoas saíam frustradas do parque porque perdiam o carro no estacionamento: ao voltar da diversão, já não se lembravam de onde haviam estacionado. A Disney resolveu isso de uma maneira simples e engenhosa. Para evitar que as pessoas percam o veículo, todos os carros que chegam ao estacionamento param em determinada ordem, um ao lado do outro, na sequência de chegada, em locais que os cast members indicam. De acordo com o horário de chegada ao parque, os cast members sabem exatamente onde o carro da pessoa foi estacionado.

Os cast members têm orgulho de fazer parte da Disney. Certa vez, eu estava em uma farmácia de Orlando e observei que um casal alemão estava discutindo com o cast member do local, que não entendia o que eles queriam. Lá também estava outro cast member, e vi que ele se ofereceu para ajudar, antecipando-se a uma confusão maior, que podia acontecer. O casal perguntou se ele trabalhava na Disney, e ele respondeu que sim, ao que ouviu: "Percebemos pelo seu modo de agir!". Antecipar-se aos problemas é uma atitude para a vida.

Outra história de resolução de problemas aconteceu bem à minha frente, e foi um dos casos mais incríveis que presenciei. Um garoto estava com a mãe na fila de um brinquedo já havia bastante tempo. Ele tinha um grande sorvete na mão, que tomava com prazer. Ao chegar a vez deles, o atendente informou que não era possível entrar com o alimento. A criança ficou manhosa, dizendo que queria o sorvete; a mãe, que já esperava havia muito tempo naquela fila longa, não queria desistir e perder a vez. O garoto chorava de um lado e a mãe argumentava do outro. Naquele momento, outro cast member apareceu e disse: "Pode entrar no brinquedo. Eu seguro seu sorvete e o entrego para você na saída".

Todos nós sabemos que é impossível, em um calor de 40 graus, "segurar um sorvete", pois em poucos minutos ele derrete. Eu, que observava da fila, fiz questão de esperar o menino sair para ver o que aconteceria. Enquanto o garoto estava lá dentro, o funcionário foi até uma loja, pegou um novo sorvete idêntico e esperou a mãe e o garoto saírem. Na saída, lá estava o rapaz da Disney com um sorvete novinho em folha para o menino. A Disney gastou no máximo 5 dólares com essa gentileza, mas eu garanto que esse garoto nunca mais vai se esquecer disso, nem sua mãe, nem eu. Ele vai voltar centenas de vezes ao parque e vai levar os filhos quando os tiver. De acordo com uma pesquisa publicada em 2022 pela Harvard Business School, conquistar um novo cliente é até 25 vezes mais caro do que manter um cliente existente.[56] Para a Disney, isso é pensar mais à frente, antecipar problemas. Isso faz a imagem da marca ficar registrada positivamente na cabeça de todos que interagem com ela.

Para descobrir os problemas, ouça seus clientes – tanto os internos quanto os externos. Tenha diversos pontos de escuta; ouça pessoas de todos os departamentos, de todos os escalões e de todos os lugares; receba críticas e saiba desenvolver soluções. Não frustre clientes, mas se antecipe; não espere passivamente o problema chegar.

Outro exemplo mostra como um problema aparente pode ser revertido em benefício para a empresa. Existe um brinquedo em um parque da Disney chamado Torre do Terror. Para entrar nele, a criança precisa ter no mínimo 1 metro de altura. Na entrada do brinquedo, além da presença do cast member, há um lugar para medir a criança. Se ela não tiver tamanho suficiente, recebe um certificado de futuro participante da Torre do Terror. Com ele, pode voltar para a Disney, entrar no brinquedo sem pegar fila e ainda ganhar uma fantasia temática. Se a Disney não fizesse isso, a família poderia esperar horas para entrar e o resultado seria a frustração. Com esse certificado, a criança vai esperar ansiosamente e insistir para voltar quando tiver altura. Dessa forma, a frustração e um possível problema viram oportunidades de negócio e agregam valor ao atendimento.

---

56. GALLO, A. The value of keeping the right customers. **Harvard Business Review**, 29 out. 2014. Disponível em: https://hbr.org/2014/10/the-value-of-keeping-the-right-customers. Acesso em: 9 maio. 2024.

Coloque-se sempre no lugar do cliente, observando a organização como tal e sentindo a experiência de ser cliente da própria marca. Dessa maneira, fica mais fácil ainda mapear possíveis problemas a resolver.

É importante descobrir e estabelecer estratégias para assegurar que a comunicação atinja o alvo e reforce a cultura de serviço e a expectativa de desempenho. A ausência de feedback pode fazer que as pessoas deixem de lado o comprometimento. Se abrirmos mão das informações coletadas pelos funcionários, poderemos menosprezar a fonte de informação mais valiosa de que dispomos.

Todos os membros da equipe têm informações valiosas para compartilhar. Respeite as pessoas e modifique a forma de comunicação, para ir ao encontro das necessidades de sua equipe. As pessoas tratam os clientes do mesmo modo como são tratadas. Essa atitude resultará em mais ideias, mais energia e melhor resultado no longo prazo.

Isso tudo é possível se você tiver 100% de foco nas necessidades do cliente. Ouvindo o que ele quer, podemos oferecer o que ele deseja antes mesmo que ele peça.

Lição 3 – Exceda as expectativas

Como relatei, para a Disney, como estratégia de negócio, atender às expectativas não é suficiente. É preciso ir além. Isso é algo sempre possível de fazer ao criar magia no ambiente de trabalho, oferecendo um pouco mais do que os clientes querem, ou seja, criando experiências inesquecíveis para eles.

Por exemplo, todos os dias, nos parques da Disney, acontece o que eles chamam de "Parada das Três". É um desfile como o de nossas escolas de samba (nas quais, aliás, dizem que Walt Disney se inspirou para criar as paradas), com todos os personagens de sonho e encantamento que habitam os parques.

Use o modelo de excelência no seu negócio **123**

Certa vez, uma senhora, distraída, parou ao lado de uma colaboradora Disney e perguntou: "A que horas é a Parada das Três?" (a propósito, essa é uma das perguntas mais frequentes feitas no parque). A cast member imediatamente entendeu o conteúdo implícito da pergunta e respondeu: "Minha senhora, a parada passa por este ponto às 15h08, e o melhor lugar para assisti-la é embaixo daquela árvore, onde há uma sombra fresquinha e um degrau que vai facilitar sua visão".

Maravilhada com o atendimento, a senhora distraída agradeceu efusivamente. A cast member não apenas atendeu como excedeu as expectativas, mesmo que isso tenha sido feito com uma simples resposta.

Outro fato muito curioso exemplifica bem o que é ir além. Uma menina carregava um ursinho de pelúcia que havia acabado de comprar em uma loja da Disney dentro do parque. Ela e a mãe atravessavam uma das ruas quando a menina deixou cair o ursinho. Sem perceber, um cast member que trabalhava com uma máquina de varrer automática não conseguiu frear e passou por cima do brinquedo, atropelando o ursinho. Mas ele não foi embora pensando: *ora, isso não é problema meu* ou apenas pedindo desculpas. Vendo a menina chorar, parou a máquina, desceu, pegou o ursinho (ou o que restava dele) e disse: "Vamos levá-lo para a enfermaria!".

A menina, assustada, parou de chorar e seguiu com os pais o fantástico cast member. Na enfermaria, ele conversou com a enfermeira, que mandou alguém ir até a lojinha buscar um novo ursinho para a menina. Isso seria pouco porque, claro, ela queria o "dela". Entregar o ursinho novo não excede o que faria um funcionário comum, mas a enfermeira faz parte do seleto grupo de profissionais extraordinários da Disney. O que ela fez?

Antes de entregar o urso à menina, a enfermeira enfaixou o braço e a perna do urso com gaze e esparadrapo. Quando entregou o ursinho, ela ainda disse: "Nós cuidamos dele e ele vai ficar bom!". A Disney, que gastou no máximo 25 dólares para satisfazer aquela pequena convidada, com absoluta certeza terá um retorno imenso com isso. A menina vai voltar mil vezes, e a mãe vai contar o ocorrido a todos os vizinhos, amigos e parentes.

Não estou dizendo aqui para as empresas comprarem ursos para os clientes, e sim que transponham para a própria realidade a ideia de exceder expectativas.

É importante entender o que, de fato, sua organização fornece aos clientes. Em outras palavras: qual é o impacto emocional que seu produto ou serviço proporciona, como ele faz isso, para quem e com que meios. Pense em termos de como seus serviços são vistos. Por exemplo, a Disney se declara da seguinte maneira: "Nós proporcionamos felicidade, oferecendo o melhor entretenimento para as pessoas de todas as idades em todos os lugares". A FedEx, empresa mundial de entregas, diz: "Nós oferecemos paz de espírito ao fazer as entregas de nossos clientes sempre no horário".

Um hospital cardiológico de Indiana (Estados Unidos) declara-se assim: "Nós criamos um ambiente de confiança, entendimento profundo e esperança por meio de assistência cardiovascular individualizada, respeito e compaixão por todos os pacientes". Uma organização proporciona felicidade; outra, paz de espírito; e outra, confiança. Observe que são valores e experiências, e não apenas produtos ou serviços.

Sempre tenha em mente que todos são VIPs, ou seja, importantes e únicos. Nunca deve haver discriminação; o tratamento deve ser sempre igual e qualificado. E isso começa com a equipe.

Use o modelo de excelência no seu negócio **125**

Tratando o time dessa maneira, ele vai tratar os clientes assim. Se eles se sentirem importantes, como parte do negócio, farão o cliente externo se envolver nessa excelência.

Se todo o ciclo de excelência ocorrer, você vai ter o comprometimento e a dedicação dos clientes internos e externos, e a magia vai acontecer. É claro que haverá falhas e erros nesse processo, mas também haverá cada dia mais crescimento ao criar esse mundo de excelência. O mais importante é aprender com os erros e as falhas. Uma falha só é um problema se você não aprendeu nada com ela.

Lição 4 – Cuide obsessivamente dos detalhes

Cuidar de detalhes também é uma maneira de exceder as expectativas dos clientes e gerar qualidade acima da média. Walt Disney deixou isso claro, e todos acreditavam que esse era o segredo do sucesso dele. Preocupe-se obsessivamente com todos os detalhes, pois isso faz a diferença no resultado dos negócios.

Há tantos detalhes na Disney que um livro apenas não seria suficiente para descrevê-los. Vou dar alguns exemplos. Os personagens que estão nos parques e nos resorts abaixam-se para interagir com as crianças, ficam no nível delas, olham nos olhos. É um detalhe que faz a diferença, pois proporciona envolvimento.

Todos os dias, depois que o parque fecha, uma equipe de pintura aparece, repintando e retocando o parque todo. Sim, a Disney é repintada todas as noites. Isso acontece desde que Walt Disney falou: "Todos os dias quero que seja a inauguração do parque". E, realmente, os parques estão sempre novos.

Eles querem sempre criar uma conexão emocional. Se estiver comemorando algo, como seu aniversário, por exemplo, você ganha um *botton*, ou seja, um broche, no qual se lê o que você está comemorando. Quando você o usa, todos os cast members o cumprimentam e podem até proporcionar algo especial. Algo assim aconteceu comigo. Eu estava comemorando meu aniversário de casamento e, meu filho, o aniversário de 2 anos. Usávamos nossos *bottons*. Estava muito calor e eu tinha um ventilador de mão movido a pilha. Lá pelas tantas, as pilhas acabaram e entrei em uma loja para comprar novas. Pedi novas pilhas para a vendedora e, ao ver meu *botton*, ela não foi apenas buscar pilhas para me entregar. Ela pegou o ventilador, trocou as pilhas e, na hora de pagar, disse que não seria nada, porque aquele seria um presente por minha comemoração. Ela já tinha excedido minha expectativa ao trocar as pilhas e excedeu mais ainda oferecendo-as como presente.

Outro exemplo acontece com os cast members que se vestem de personagens. Como faz muito calor, imaginamos que é muito incômodo usar aquela fantasia. Para isso, os cast members ficam no máximo vinte minutos circulando fantasiados, para não passarem mal ou se cansarem, revezando com outro colega. Assim, a mesma energia e o mesmo pique são mantidos o dia todo.

Cuidar de detalhes é algo que traz resultados palpáveis indiretos, mas também diretos. Eu mesmo fui envolvido pela magia e pela excelência e gastei bastante por causa de uma experiência. Certa vez, entrei em uma loja da Disney com meu filho. Os brinquedos das crianças pequenas ficam embaixo, obviamente, para que os pequenos os alcancem. Meu filho entrou e começou a fazer a maior bagunça, tirando tudo da prateleira. Dei bronca e mandei pôr tudo no lugar, já bravo. Eis que surge um cast member e me diz: "Não se preocupe, eu o ajudo a guardar e cuido dele. Pode fazer suas compras tranquilamente". Achei fantástico aquele gesto. Gastei mais de 500 dólares naquela loja. Se eu ficasse bravo e levasse meu filho dali, não gastaria aquela quantia. Graças ao cast member, que teve uma atitude simples e cordial, a loja faturou mais.

De acordo com o livro *Nos bastidores da Disney*,[57] um grande exemplo do cuidado com detalhes é a tinta usada no carrossel do parque Magic Kingdom. Cada parte dourada é pintada com tinta à base de pó de ouro de 23 quilates. Não é tinta dourada, mas tinta de ouro mesmo! Dificilmente as crianças ou os pais delas perceberiam a diferença entre uma tinta e outra. Então, por que é feita de ouro? Os diretores do parque explicam: porque todos os membros do elenco sabem que se trata de tinta de pó de ouro e isso é importante para eles. É apenas uma das maneiras de fazer que saibam que, quando se trata de nossos convidados, não impomos limites naquilo que fazemos. A tinta de ouro é um lembrete para os membros do elenco de que nossos convidados são o que há de mais importante. Às vezes, limpar o carrossel não é uma tarefa agradável, e precisamos nos lembrar do motivo pelo qual o fazemos: pelas crianças e pelos convidados. A tinta de ouro é um símbolo muito importante. O ouro lembra que cuidamos dos equipamentos, das instalações, dos locais frequentados pelos clientes, porque eles são o verdadeiro ouro, a razão pela qual pertencemos a uma organização bem-sucedida. Se não fosse por eles, não existiríamos.

Se você fizer pequenos gestos como esse, sua empresa ganhará muito. Toda vez que um cliente entra em contato com sua organização, você tem a oportunidade de criar valor, cuidando dos mínimos detalhes.

---

57. CONELLAN, T. **Nos bastidores da Disney**: os segredos do sucesso da mais poderosa empresa de diversões do mundo. São José dos Campos: Saraiva, 2010.

Lição 5 – Celebre cada sucesso

Não importa se sua meta é grande ou pequena. Celebre todas aquelas que forem alcançadas, desde a mais simples até a mais grandiosa. Seu sorriso contagia os clientes. Envolva as pessoas nessa magia e faça que elas comprem de você.

Eu tenho um sino para celebrar resultados na ABTD. Isso contagia e faz todos se envolverem em um processo intenso, trazendo cada vez mais resultados para o grupo.

Seja lá qual for seu cargo ou sua atividade, você pode colaborar com a implantação do atendimento de excelência em sua organização e levar com você esse aprendizado sobre atendimento para o resto da vida: isso, com certeza, vai torná-lo muito mais bem-avaliado onde quer que se desenrole sua história profissional.

Celebre os resultados sempre. A energia positiva que vem de uma celebração se espalha e contamina todos que estão em volta. A energia de cada vitória ajuda a enfrentar a próxima batalha.

Em alguns parques da Disney, todas as noites, antes de fechar, há sempre um grande show com queima de fogos por cerca de quinze minutos. Todos os dias. É como um grande réveillon, como a entrada de um ano novo prestes a começar. Todo dia é motivo para comemorar, pois todo o trabalho vale a pena.

Não perca a chance de celebrar suas conquistas, vitórias e superações. Isso alimenta a organização e a equipe, além de contagiar os clientes, pois, acima de tudo, é uma diversão sempre poder participar de uma festa.

É claro que nós não somos perfeitos, mas é passo a passo que isso poderá caminhar para uma situação cada vez mais próxima do ideal. Segundo o que o Disney Institute informa nos cursos, o engajamento ocorre quando os funcionários assumem sua parcela de responsabilidade pelo desempenho do negócio. Quando o poder de decisão chega até eles, aumenta seu senso de responsabilidade e eles passam a tomar iniciativas pelo bem de todos. Assim, os colaboradores terão orgulho daquilo que ajudam a produzir.

Você pode concluir agora, sem ajuda de mais ninguém, por que a Disney tem um sucesso indiscutível e estrondoso. Realize um atendimento mais do que bom, um atendimento que antecipa problemas, excede expectativas, encanta o cliente e agrega valor aos produtos e negócios. Isso terá um impacto indiscutível nos resultados e é algo que só pode ser feito por colaboradores extraordinários. Siga o bom exemplo da Disney:

- ✦ Tenha a certeza de aonde quer chegar antes mesmo de começar.
- ✦ Pense sempre nos mínimos detalhes.
- ✦ Mantenha o bom humor e o alto-astral.
- ✦ Acredite em seu líder ou, se for líder, acredite em sua equipe.
- ✦ Engaje-se totalmente no trabalho.
- ✦ Tenha boa vontade acima de tudo.
- ✦ Seja capaz de antecipar os problemas e auxiliar na resolução.
- ✦ Faça qualquer coisa em qualquer lugar, sempre que for preciso.
- ✦ Expulse de sua cabeça a frase: *isso não é problema meu*.
- ✦ Lembre-se de que todos os problemas são de todos.
- ✦ Renove-se todos os dias.

EXERCÍCIOS PRÁTICOS

Exercício prático da lição 1 – Use o poder da história

Reflita e responda aos questionamentos a seguir:

- Como você pode contar a história da origem de sua organização?
- Quais são as histórias pessoais dos líderes ou fundadores da organização e como elas podem inspirar colaboradores e clientes?
- Como você pode transmitir a missão, a visão e os valores da organização para colaboradores e clientes?
- Imagine que tudo em sua organização mostra entusiasmo. Como ela seria?
- Pense em uma coisa que pode ser mudada para que saia melhor na demonstração de entusiasmo.
- Como você pode transmitir crenças aos outros colaboradores?
- Como as histórias de sucesso de clientes e colaboradores podem ser usadas para demonstrar o impacto positivo da organização?

Exercício prático da lição 2 – Antecipe-se aos problemas

Reflita e responda aos questionamentos a seguir:

- Quais são os possíveis problemas que os clientes ou colaboradores podem enfrentar?
- Como esses possíveis problemas afetarão a experiência do cliente ou colaborador?
- Como você pode usar seus ouvidos para detectar a satisfação dos clientes?
- Como você pode tornar o processo de feedback mais criativo e divertido?
- Como você pode melhorar seu tempo de reação aos problemas?

Use o modelo de excelência no seu negócio **131**

✦ Como você pode se tornar mais ágil na antecipação aos problemas do cliente?

Exercício prático da lição 3 – Exceda as expectativas

Reflita e responda aos questionamentos a seguir:

✦ O que você acha que seu cliente pensa de você quando ele vai embora de seu estabelecimento?

✦ O que você percebe que frustra seu cliente?

✦ Quais barreiras seu cliente deve transpor para fazer negócio com você?

✦ Quais ações e comportamentos seus afetam a experiência de seu cliente?

✦ Pergunte a seus clientes e colaboradores o que eles propõem para melhorar seu negócio. Quais foram as sugestões?

✦ Lembre-se de alguma situação em que você ficou impressionado com o nível do serviço que recebeu. Como isso elevou sua expectativa com relação a outras organizações?

✦ Em comparação com a concorrência, como você avalia os serviços prestados por sua organização?

Exercício prático da lição 4 – Cuide obsessivamente dos detalhes

Reflita e responda aos questionamentos a seguir:

✦ Quais são os principais pontos de contato do cliente com seus produtos ou serviços?

✦ Que detalhes poderiam ser aprimorados para fazer os clientes voltarem sempre?

- ✳ Que detalhes no ambiente de trabalho poderiam praticar os mesmos cuidados adotados pela Disney?
- ✳ Lembre-se da tinta de ouro no carrossel da Disney. Que mensagens estão sendo enviadas a seus colaboradores quanto ao valor do cliente?
- ✳ Tendo em mente o valor das coisas invisíveis, de que maneira você poderia lembrar seus colaboradores de que os clientes valem ouro?

Exercício prático da lição 5 – Celebre cada sucesso

Reflita e responda aos questionamentos a seguir:

- ✳ No último ano, quais foram as principais conquistas de sua empresa ou da empresa na qual você trabalha? Elas foram celebradas?
- ✳ Quais dessas conquistas demonstram o alinhamento com os valores e objetivos da organização?
- ✳ Com que frequência um bom desempenho passa sem reconhecimento em sua organização?
- ✳ O que pode ser comemorado diária, semanal e mensalmente em sua organização?
- ✳ Como você pode parabenizar os diferentes colaboradores das diversas áreas em cada conquista?
- ✳ Como você pode envolver os colaboradores na celebração das conquistas e incentivá-los a compartilhar os próprios sucessos com a equipe?

Exercício prático final

Este é um exercício inicial para introduzir o conceito de "excelência", traduzindo o atendimento que você oferece hoje em sua organização.

Escreva como é seu atendimento, formulando frases que terminem com adjetivos. Se você for gestor, diga como sua equipe atende seu cliente hoje. Detalhe como é esse atendimento.

Por exemplo: se você é atendente de loja, pode escrever:

* Recebe cliente _____.
* Dá boas-vindas _____.
* Oferece produtos _____.

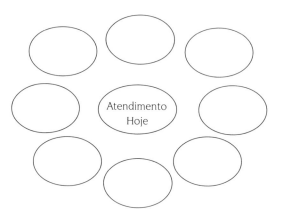

Fonte: Disney Institute, 2011.

Em um segundo momento, descreva algo que vai mudar esse atendimento, fazendo-o exceder as expectativas. Pense nos exemplos da Disney oferecidos neste livro.

Algumas ideias:
* Oferecer café e bala.
* Dar um brinde.

Capítulo 8

O TIME DOS COLABORADORES DE EXCELÊNCIA

Não há como transformar clientes em fãs sem um time de excelência, como já foi mostrado até agora. Por isso, concentrarei nosso esforço aqui em desenvolver informações sobre como ter, buscar, manter e desenvolver colaboradores extraordinários.

São as atitudes das pessoas que definem o sucesso delas, que levam à conquista e permitem manter o que foi conquistado. A maior carência no mundo profissional é de atitude. As pessoas sabem o que têm que fazer, mas não fazem.

Com isso em mente, o profissional extraordinário não para, não fica estagnado, mas evolui, pois sabe que as vitórias, assim como os limites, são determinadas por ele mesmo. Eu digo que um profissional extraordinário pode ser reconhecido por ser Triplo A. E é disso que falarei a seguir.

O PROFISSIONAL EXTRAORDINÁRIO É TRIPLO A

Um profissional Triplo A é aquele que tem bem trabalhadas três competências e qualidades que fazem parte do modo de ser de uma pessoa de sucesso: ambição, autoconfiança e audácia. A razão pela qual o mercado busca o profissional Triplo A é o fato de que ele provavelmente se tornará um "extraordinário" nos quadros da organização.

Um profissional cresce com ambição, autoconfiança e audácia para correr atrás de metas, sonhos e sucesso.

Na bandeira da rica cidade de São Paulo está escrito: "Non ducor, duco" (Não sou conduzido, conduzo). Esse é o pensamento de um Triplo A. Essa frase simples e forte traduz a ambição de ser independente, a autoconfiança de quem é capaz de andar com as próprias pernas e a audácia de querer sempre ser o maior e ter mais seguidores e admiradores.

Ambição

Ambição é querer algo e ir atrás para conseguir. Profissionais extraordinários têm pensamentos ambiciosos, por isso não se acomodam, nunca estão satisfeitos com o atual estágio profissional, buscam metas cada vez mais audaciosas e novos desafios que os levem além do que já conquistaram.

Quando falo sobre ambição, gosto muito de citar Mark Twain: "Mantenha-se afastado das pessoas que tentam depreciar sua ambição. Pessoas pequenas sempre fazem isso, mas as realmente grandes fazem você sentir que também pode se tornar grande".[58]

Muita gente considera a ambição algo negativo. Eu digo que ela é necessária em determinado grau e que a falta dela é pior do que o excesso. Em geral, o profissional que não ambiciona coisa alguma não tem iniciativa e muito menos perspectivas de crescer. Dessa forma, não dá o melhor de si.

A ambição é a vontade sadia de ter mais, de crescer financeiramente, de expandir os horizontes profissionais, de adquirir bens,

---

58. TWAIN, M. *In*: **PENSADOR**. Disponível em: https://www.pensador.com/frase/NzY2NzQ2. Acesso em: 20 fev. 2024.

direitos ou poder. Entretanto, não está relacionada apenas a ganhar dinheiro e poder, como é comum as pessoas pensarem. É o desejo por realização pessoal; fornece a motivação e a determinação necessárias para o indivíduo atingir metas na vida, sejam pessoais ou profissionais. Pessoas ambiciosas procuram sempre ser as melhores naquilo que optam por fazer, realizar.

A ambição é uma qualidade e um valor presente nos líderes de sucesso. É um dos principais traços daquelas pessoas que surgem "do nada" e se destacam de todas as demais, cheias de segurança, confiança e energia. Quando a ambição é usada para buscar um ideal claro, desenvolve um impulso em direção à meta. Cabe ao profissional extraordinário direcionar essa força, esse impulso, para o bem não só pessoal, mas da equipe, da organização e da sociedade como um todo.

A ambição é uma inquietação que nos move sempre para a frente e jamais permite que nos acomodemos no lugar-comum. Tornar-se extraordinário também vem, portanto, de uma inquietação que leva sempre a buscar melhorar os próprios resultados profissionais.

Profissionais de sucesso constroem carreiras a partir da busca intensa, associada à humildade pessoal. A orientação, portanto, não é egocêntrica, e sim voltada à construção do bem comum.

Autoconfiança

Outro fator fundamental para o bom desenvolvimento de um profissional extraordinário é a autoconfiança. O que pensamos ser e podemos ou não fazer é o que nos leva ao sucesso ou nos derruba, levando ao fracasso.

Autoconfiança é acreditar que se pode alcançar o que se quer. Henry Ford afirmava: "Se você acredita que pode, ou se acredita que não pode, de qualquer jeito estará certo".[59] Ter autoconfiança é o primeiro passo para que outras pessoas confiem em você, e é por isso que ela é tão importante.

Quem tem autoconfiança sabe do que é capaz e acredita que consegue fazer. É inspirador estar ao lado de pessoas autoconfiantes, pois elas empunham a bandeira e levam todos juntos adiante.

A autoconfiança representa um dos pilares da autoestima. Refere-se sempre à competência pessoal e é uma medida da crença nas próprias habilidades. É a convicção que uma pessoa tem de ser capaz de fazer ou realizar algo.

O psiquiatra e escritor Raj Persaud, no livro *The motivated mind*,[60] afirma que a verdadeira autoconfiança vem de uma atitude em que você promete a si mesmo que, não importando as dificuldades que a vida lhe apresente, você vai tentar com todas as suas forças ajudar a si mesmo.

O conceito de autoconfiança está ligado à sua segurança em relação a seu julgamento pessoal, sua capacidade e seu potencial. Por essa razão, é fundamental ter a consciência de que, algumas vezes, seus esforços podem não resultar em sucesso e que muitas vezes você não será devidamente recompensado por eles. Essa aceitação é o que vai reforçar a confiança em si mesmo, até nos momentos mais difíceis.

Precisamos cuidar bem da autoconfiança. Com frequência, críticas sobre nossos projetos nos levam a abandonar nossas ideias porque desejamos que aqueles com quem compartilhamos nossos sonhos aprovem nossos planos.

---

59. FORD, H. *In*: **PENSADOR**. Disponível em: https://www.pensador. com/frase/OTU4ODc. Acesso em: 20 fev. 2024.

60. PERSAUD, R. **The motivated mind**: How to get what you want from life. EUA: Bantam, 2006.

A autoconfiança leva ao sucesso, mas é a preparação que leva à autoconfiança. A preparação se dá por meio de experiências vividas e bem-aproveitadas. A autoconfiança depende muito das crenças que a pessoa tem sobre si e sobre o mundo, bem como da importância que ela dá aos outros. Por isso, você ganha força, coragem e confiança a cada experiência de enfrentar seus medos – e isso significa que é muito importante estar sempre pronto para fazer exatamente aquilo que você pensa que não consegue fazer.

Audácia

Audácia é arriscar ir em busca daquilo que se quer. A audácia leva você a explorar mundos completamente novos, a mostrar o melhor de si mesmo e a não se sentir intimidado. Audaciosos são inovadores e arrojados; não hesitam em resolver problemas e reparar erros. Adicionam sempre novos fatos, novas variáveis e novas ideias às situações que representam desafios.

Ser audacioso significa, muitas vezes, desobedecer a algumas coisas tidas como de bom-tom. Como afirmou o romancista e cineasta francês Jean Cocteau: "Nada existe de audacioso sem a desobediência às regras".[61] Sem audácia, é muito difícil realizar seus sonhos e seus objetivos.

Meu amigo Sergio Gomes contou-me uma história sobre o início da carreira dele em uma grande empresa. Nos primeiros dias de trabalho, ele precisou levar o presidente ao hangar do aeroporto, para um voo de jatinho particular. Ao chegar lá, Sergio deveria deixá-lo e voltar para a empresa. Contudo, ele é apaixonado por aviação. Sem que

---

61. COCTEAU, J. *In*: **PENSADOR**. Disponível em: https://www.pensador. com/frase/NjU5Nw. Acesso em: 20 fev. 2024.

ninguém percebesse, desceu do carro e, antes que todos embarcassem, entrou na aeronave para conhecê-la por dentro (audácia pura). De repente, Sergio notou que as pessoas estavam embarcando, inclusive o presidente da organização, e se escondeu na aeronave.

Durante os procedimentos de segurança, o piloto descobriu o "infiltrado" e avisou ao presidente, que inicialmente ficou indignado. O que Sergio fez? Assumiu a responsabilidade e disse que seria um sonho embarcar naquela viagem. O presidente pediu que ele se retirasse e voltasse para a empresa, pois considerou aquilo uma irresponsabilidade. Sergio voltou frustrado e, sobretudo, preocupado em perder o emprego. Ao voltar de viagem, três dias depois, o presidente procurou Sergio, disse que pensou muito na atitude tomada por ele, cumprimentou-o pela audácia e aproveitou para fazer um convite: viajar com ele no dia seguinte! E foi assim que Sergio partiu na tão sonhada viagem.

O profissional audacioso, aquele que ousa e é atrevido, é capaz de propiciar inovação, mudança e, consequentemente, crescimento para as organizações. E é isso que elas querem. Esse é o profissional que se arrisca, faz, resolve. A audácia é uma das características fundamentais do profissional extraordinário.

O dicionário Michaelis[62] define "audácia" como arrojo, atrevimento, ousadia, valor pessoal, mas também diz que a audácia é o impulso da alma para atos difíceis ou perigosos.

Um profissional extraordinário é audacioso. Por isso, ele é ousado, não tem medo e não se limita por convenções. Muitas vezes

---

62. AUDÁCIA. *In*: **DICIONÁRIO Michaelis On-line**. São Paulo: Melhoramentos, 2024. Disponível em: https://michaelis.uol.com.br/moderno-portugues/busca/portugues-brasileiro/aud%C3%A1cia. Acesso em: 20 fev. 2024.

também é insolente e pode até parecer presunçoso. No entanto, deve ser, acima de tudo, respeitoso. Tudo isso é parte de uma postura focada na busca por objetivos.

O profissional audacioso está sempre disposto a empreender novas e ousadas aventuras. Enfrenta tudo com coragem e determinação. Assume os riscos envolvidos na busca das metas e os considera parte importante do aprendizado. Um profissional extraordinário é audacioso também quando precisa ir por outro caminho, pois reconhece que pegou o trajeto errado.

Ele está imune aos vícios do sucesso, pois sabe que, se permitir, o sucesso se tornará um forte inimigo do próprio desenvolvimento. Em geral, o sucesso tende a nos levar à acomodação. Por exemplo, a audácia não permite que o profissional se limite ao cargo de gerente quando o potencial dele é ser diretor.

Alguém acomodado se daria por satisfeito por correr os 100 metros rasos com mais rapidez do que os colegas, quando na verdade tem potencial para uma disputa olímpica. Isso não acontece com quem é audacioso.

O audacioso não se ilude com as vitórias. Ao contrário, ele as encara como o ponto de partida para a próxima conquista. Mas não é insaciável, e sim consciente de tudo o que pode realizar. O audacioso sempre busca maneiras de liberar todo o potencial que tem, porque sabe que foi criado para algo grandioso.

A melhor forma de alcançar todo o seu potencial é lutar contra o comodismo. Buscar novas metas, inovar, investir em seus sonhos e se afastar de opositores e pessimistas já é um bom começo. Estar sempre aberto para aprender como atingir o sucesso é fundamental.

Ser audacioso é um dos requisitos para se transformar no profissional extraordinário.

142   O poder da atitude

A MEDIDA CERTA DO PROFISSIONAL TRIPLO A

Como afirmou Paracelso, físico e botânico do século XVI: "A diferença entre o remédio e o veneno é a dose".[63] Isso não é diferente para as características do profissional extraordinário. O profissional com o perfil Triplo A (ambição, autoconfiança e audácia) precisa ter a dose certa de cada uma das características – do contrário, elas também podem atrapalhar o desenvolvimento da carreira profissional.

A ambição em demasia pode se transformar em ganância, estimular o egocentrismo e cegar o profissional que, em vez de buscar sucesso conjunto, passará a focar o sucesso individual. A ganância trabalha centrada no proveito próprio, enquanto a ambição sadia visa ao bem comum. Profissionais gananciosos só objetivam lucro, esquecem o desenvolvimento – e o pior: esquecem as pessoas.

Muitos confundem ambição com ganância e, por isso, não a olham com bons olhos. Contudo, a ganância é a ambição extremada, doentia, que usa até meios ilícitos para obter resultados.

Há outro problema da ambição exagerada: o profissional pode perder o senso da realidade e não perceber que cada coisa acontece dentro do próprio tempo. Com isso, anseia ver os resultados rapidamente e pode pegar caminhos errados, inclusive antiéticos.

A autoconfiança excessiva pode tornar um profissional arrogante. Além de a falta de humildade ser um grande defeito que fecha muitas portas para o desenvolvimento profissional, ela acentua os riscos de o profissional ficar cego em relação àquilo em que pode

---

63. PARACELSO. *In*: **PENSADOR**. Disponível em: https://www.pensador.com/frase/MTE3NTk1MQ. Acesso em: 21 fev. 2024.

melhorar. Situações como essas sempre causam grandes estragos nas relações profissionais e pessoais.

A falta de humildade em uma pessoa dificulta a aceitação de opiniões alheias e trabalha contra o aprendizado. O profissional do tipo extraordinário sabe que sempre há coisas para aprender e que, ao ouvir os pares, pode evoluir. Além disso, o excesso de autoconfiança pode gerar sobrecarga de atividades, pois, na certeza de que "dá conta do recado", o profissional acaba acumulando várias tarefas em vez de delegar atividades a colaboradores ou colegas.

A audácia exagerada pode induzir ao erro e, então, ser encarada como petulância e irresponsabilidade – comportamentos que não combinam com os profissionais que pretendem se tornar extraordinários.

Audácia em excesso é capaz de gerar problemas no ambiente de trabalho, sobretudo quando se trata de hierarquia. E pode levar à impulsividade. Deixar-se dominar pela impulsividade não é algo saudável.

Uma combinação do excesso dessas três características pode resultar em um profissional que não ouve, não avalia consequências e tem pressa demais. Quem cresce muito rápido pode não desenvolver todas as competências necessárias para se manter no topo, e uma carreira que poderia ser de um extraordinário se perde pela formação ruim e por bases mal construídas.

O sucesso alcançado pelos profissionais extraordinários está diretamente ligado ao fato de eles saberem equilibrar as medidas da autoconfiança, da audácia e da ambição. O extraordinário é, antes de tudo, um Triplo A na medida certa.

O profissional que tem audácia, autoconfiança e ambição sempre realiza um trabalho criativo que rende bons resultados para toda e qualquer organização. No entanto, o conceito de "criatividade" está mudando. Na Disney, ele é tratado como um processo coletivo, com o qual todos colaboram. Nessa fantástica organização de entretenimento, há uma cultura colaborativa instalada, que obedece aos seguintes princípios:

1. Construir relacionamentos verdadeiros entre colaboradores e líderes.
2. Assegurar que todas as ideias possam ser expressas por todos honestamente e sem medo.
3. Produzir as melhores inovações utilizando os recursos disponíveis.

Essas regras ficam muito próximas do que já falamos sobre o ambicioso profissionalmente correto: é aquele que traz resultados e divide os méritos com a equipe.

EXERCÍCIO PRÁTICO DO TRIPLO A

Preparei um questionário para que você responda e, por meio dele, observe se você ou alguma pessoa que conhece é um Triplo A. Pelas respostas, é possível identificar como a pessoa se comporta em relação à audácia, à ambição e à autoconfiança. Com isso em mãos, somado à ajuda do próximo capítulo, você saberá quais passos podem ser tomados para encontrar a medida certa, caso necessário.

QUESTIONÁRIO DO TRIPLO A

Há quanto tempo você trabalha na organização em que está hoje?

O que você pode e vai fazer para crescer?

Como você se sente trabalhando lá?

O que você pode e vai fazer para melhorar esse sentimento?

Quanto você progrediu profissionalmente durante esse tempo de trabalho?

O que você pode e vai fazer para buscar maior progressão?

Você acredita que progrediu tudo o que poderia? Em caso negativo, a que você atribui isso?

O que você pode e vai fazer para mudar?

Você se considera um profissional Triplo A?

O que você pode e vai fazer a respeito disso?

Você tem ambição suficiente para ser um profissional Triplo A?

O que você pode e vai fazer para trabalhar sua ambição?

Você tem autoconfiança suficiente para ser um profissional Triplo A?

O que você pode e vai fazer para trabalhar sua autoconfiança?

Você tem audácia suficiente para ser um profissional Triplo A?

O que você pode e vai fazer para trabalhar sua audácia?

Capítulo 9

OS SETE SEGREDOS DO PROFISSIONAL EXTRAORDINÁRIO

Chegou o momento de você descobrir como se lapidar para se tornar um profissional cada vez mais extraordinário. São passos práticos que podem ajudar a desenvolver os três aspectos do Triplo A descritos no capítulo anterior. Eles podem ser aplicados à sua equipe, se você é um líder, ou a você mesmo, se é um profissional em busca de desenvolvimento. É útil para avaliar o grau de cada membro de seu time, para que você trabalhe a fim de que eles cheguem à excelência.

1º SEGREDO: AUTOCONHECIMENTO E ALINHAMENTO DE CARREIRA

É preciso buscar o autoconhecimento para exercitar pontos fortes e amenizar pontos fracos, alinhando nesse patamar objetivos pessoais e profissionais. O que você realmente quer e pelo que está disposto a lutar? Qual é sua meta de vida? Quais são seus sonhos?

É preciso que você encontre sua missão e tenha clareza em relação a quais são seus valores para planejar como vai atingir o centro do alvo. Refletir sobre suas ações, fazer uma autoavaliação constante e, principalmente, ouvir com atenção o que as pessoas repetem sobre você são ações fundamentais para alcançar o sucesso.

Se você tem ouvido com muita frequência as pessoas repetirem: "Você é muito teimoso", "Você precisa ouvir mais as pessoas" ou "Trate de acreditar mais em você", talvez seja verdade.

Buscar feedbacks de pessoas que você respeita – e, em especial, daquelas que servem de modelo para sua jornada para o sucesso – é uma prática de grande valor para o seu crescimento.

Responda com frequência a perguntas como:

- ✦ Que profissional sou eu?
- ✦ O que busco?
- ✦ Quais são as minhas qualidades?
- ✦ O que eu tenho de melhorar?
- ✦ Como quero ser conhecido?
- ✦ O que estou fazendo para alcançar o sucesso?
- ✦ O que posso fazer e ainda não fiz?

Utilize os formulários a seguir para ajudá-lo a organizar sua avaliação. Responda às perguntas de modo sucinto. Depois, assinale no quadro à direita o que sente a respeito de cada item avaliado:

Pergunta	Resposta	Eu gostaria de mudar isso?	
		Sim	Não
Que profissional sou eu?			
O que busco?			
Quais são as minhas qualidades?			

(continua)

O que eu tenho de melhorar?			
Como quero ser conhecido?			
Qual é a minha essência?			
Quais são os meus princípios?			
Quais são os meus valores?			
Tenho clara e descrita qual é a minha missão de vida?			
Por que eu trabalho?			
Qual é a minha visão de futuro?			
Quais são as minhas competências?			
Quais são os meus pontos fortes?			
Quais são os meus pontos fracos?			
Acredito em meu potencial?			
Quais são os meus talentos?			

(continua)

Quais são os
problemas que
resolvo para meus
clientes?

O que estou
fazendo para
alcançar o
sucesso?

O que posso fazer
e que ainda não
estou fazendo?

Com base nas respostas anteriores, planeje sua rota de voo. Preste atenção especial aos itens que você marcou que gostaria de mudar. Pense como poderia modificá-los de modo que você avance mais rapidamente para o topo. Direcione suas energias para isso!

Utilize o formulário a seguir como auxílio na construção de sua rota de voo. Você também pode abordar um objetivo por vez e, para cada objetivo, preencher uma tabela isolada. Nesse caso, a união de todas as tabelas desenhará seu plano de vida.

Pergunta	Resposta
Qual é o objetivo você quer atingir nos próximos cinco anos? Seja específico.	
Por quê?	
Quais competências serão necessárias para atingir essas metas?	

(continua)

Quais problemas você precisará resolver?	
Relacione três experiências de vida que vão ajudá-lo a superar as dificuldades.	
Resuma seu plano de ação em cinco passos efetivos para atingir sua meta.	1. 2. 3. 4. 5.
Qual é o primeiro passo?	

Tenha seu plano de vida sempre bem-definido e atualizado. Deixe-o próximo a você e estude-o regularmente; pense nele e ajuste-o quando necessário. Lute para conquistar tudo o que planejou. O sucesso é o tesouro a ser encontrado, mas é você quem desenha o mapa até ele. Seja, a partir de agora, o cartógrafo de seu destino!

2º SEGREDO: COERÊNCIA NAS AÇÕES

Deseja ser admirado por suas ações? Então use meios éticos para alcançar o sucesso e seja coerente em relação ao que você acredita e espalha pela vida. Para ser coerente, é preciso ter convicção – foi para isso que fizemos o primeiro exercício de reflexão e autoavaliação. Se tiver sido sincero quando buscou descobrir quem você é, não terá dificuldade em ser coerente em suas ações.

Lembre-se: não é porque recebe uma ordem de um chefe que você deve aceitá-la, mesmo que vá contra os seus princípios. Se fizer isso, não estará sendo coerente. Se for contra quem você é, contra aquilo em que acredita, não alcançará o sucesso; se alcançar, provavelmente ele não será duradouro ou satisfatório. Para que seus resultados sejam sustentáveis, seu sucesso precisa sempre ser coerente com sua essência.

Utilize o formulário a seguir para perceber a coerência entre quem você é e quais são as suas ações. Procure analisar se há necessidade de fazer ajustes.

Pergunta	Coerência		
	Sim ou não?	Se "sim", o que preciso reforçar?	Se "não", o que preciso melhorar?
Minhas ações estão de acordo com aquilo que realmente gosto de fazer?			
Ajo de acordo com meus desejos mais legítimos?			
Ajo de acordo com o que entendo ser ético?			
Ajo de acordo com as metas que me motivam?			
Minhas ações proporcionam autonomia?			
Minhas ações estão de acordo com meu modo de ver as coisas?			
Minhas ações estão de acordo com aquilo em que acredito?			

(continua)

Minhas ações estão de acordo com meus princípios e valores?			
Minhas ações levam a resultados duradouros?			

Se você percebeu alguma necessidade de ajuste entre quem você é e o que vem fazendo, faça-o antes de prosseguir seu caminho para a excelência e se tornar uma pessoa e um profissional extraordinário.

3º SEGREDO: BASE DE CRENÇAS E DE ATITUDES

Uma vez que você se conhece, tem convicção de seus valores e sabe para onde quer ir, chegou o momento de construir uma base de crenças e atitudes que o ajude a superar os obstáculos e passar pelos momentos difíceis, favorecendo sua construção como um profissional extraordinário.

Entre as atitudes principais que você deve adotar está a de manter-se em movimento sempre, na direção de seus objetivos. Parado em um só lugar, o vento até poderá tocar seu rosto, trazendo o perfume do sucesso, mas esse doce aroma passará e o sucesso continuará longe.

É preciso acreditar que você é capaz de crescer e construir seu próprio caminho. Faça de suas atitudes a razão pela qual as pessoas se orgulham de conhecê-lo.

Costumo dizer que, para que alguém se torne um profissional extraordinário, essa pessoa precisa ter basicamente quatro características: querer ser, acreditar que pode ser, preparar-se para ser e persistir para ser. Suas crenças e atitudes devem estar direcionadas para isso quando seu objetivo é a excelência.

Querer ser

Boa parte das pessoas que entrevistei na pesquisa apresentada no início do livro (64%) respondeu que não quer se tornar um "profissional insubstituível". Quando a pessoa não quer se destacar, a primeira coisa a ser feita é mudar a atitude. Veja este exemplo: em um dos treinamentos que organizei na filial brasileira de uma multinacional britânica, conheci um operador de máquinas chamado Ricardo. O trabalho dele era embalar as caixas que tinham acabado de sair da linha de produção. Ele precisava embalar dez caixas por minuto. E se limitava a fazer isso.

Por não ter grandes ambições na vida, ele nunca foi atrás de atualização profissional. Sempre achava que aquela vida de "empacotador" estava ótima e que não precisava fazer grandes esforços para se manter naquela posição "confortável", que não exigia muito esforço ou grandes raciocínios.

Conversei com ele durante um processo de avaliação. O que ele pensava? *Sou um colaborador bom, falto pouco, não converso com ninguém, faço meu trabalho, fico aqui no meu cantinho e não incomodo… Aqui estou seguro e com meu emprego garantido.*

Alguns meses depois, fiquei sabendo que a organização havia trazido do exterior uma máquina embaladora robotizada, que reduziria o custo dessa operação em 47%. O que aconteceu com Ricardo? Por não ter se destacado nos últimos anos e ter sido um profissional "morno", foi demitido, sem a menor possibilidade de recolocação interna.

Acreditar que pode ser

Outro ponto bastante preocupante nos resultados de minha pesquisa: 41% das pessoas afirmaram ter potencial para ser insubstituíveis e extraordinárias. Se você não acredita, não pode fazer.

Certo dia, ministrando uma palestra em uma grande organização de telefonia, registrei outro caso bastante ilustrativo: Fábio, operador de telemarketing, odiava a organização em que trabalhava, sobretudo o ambiente e os colegas de trabalho. Isso ficou muito evidente na conversa que tive com ele. Sempre afirmava que trabalhava lá por necessidade e por precisar do dinheiro no final do mês. Dizia que o futuro não era naquela organização, mas nada fazia para mudar esse panorama. Não acreditava que poderia evoluir como profissional, crescer na organização e fazer uma diferença significativa na carreira.

Depois de muitos anos "enrolando" na organização, sabotando a própria vida, Fábio foi demitido e, para surpresa de todos, ficou feliz – afinal, poderia ficar quatro meses em casa sem trabalhar, recebendo o seguro-desemprego.

Como o caso me interessava para efeito de análise de comportamento profissional, procurei acompanhar o processo de retorno de Fábio ao mercado de trabalho. Contudo, ele ficou esperando o tempo passar, aguardando uma eventual proposta de trabalho "que cairia do céu, em seu colo". Nesse tempo, não investiu em curso algum de aprimoramento profissional, porque não se sentia capaz de melhorar a própria colocação e não acreditava que faria diferença. Tinha se conformado com a ideia de que não tinha talento para coisa alguma em especial.

É claro que, com esse perfil passivo e descrente, Fábio só saiu em busca de um novo emprego quando o seguro e o dinheiro acabaram. Por onde anda Fábio, após todos esses anos? Talvez ainda pulando de emprego em emprego, aceitando o que aparece, por não acreditar que pode se tornar um profissional extraordinário.

Preparar-se para ser

Entre as atitudes imprescindíveis para se tornar um profissional extraordinário está a de preparar-se para ser um deles. Essa preparação envolve vários fatores, porém é importante lembrar sempre que duas das principais qualidades necessárias para esses profissionais são o conhecimento e a experiência.

Também é necessária qualificação técnica renovada. Buscar atualização continuamente garante estar bem-preparado para os desafios; dessa forma, não se perdem oportunidades. No entanto, atenção: atualização não significa fazer cursos. Hoje em dia, o conhecimento está muito mais acessível e pode ser obtido também por meio de vídeos, entrevistas, podcasts etc.

As organizações buscam cada vez mais profissionais que têm conhecimento para além da função para a qual foram contratados. Então, mesmo que você seja da área financeira, pode ser interessante também se manter atualizado sobre marketing ou tecnologia, por exemplo. Sua busca pela qualificação deve ser, acima de tudo, comportamental; afinal, o que diferencia um profissional de sucesso é a atitude (comportamento puro).

O problema aqui é que muitos profissionais não se preparam para ser extraordinários. Não investem no desenvolvimento do próprio potencial e ficam à margem do sucesso. Não avançam; permanecem sentados à beira do caminho. Quem não se prepara não se torna extraordinário. E quem fica estagnado se torna dispensável.

Persistir para ser

Qual é a diferença mais gritante entre aqueles que alcançam o sucesso e aqueles que não o alcançam? Persistência, planejamento, proatividade, vontade de vencer e ação. Acredito que uma frase de Will Durant, ao explicar os pensamentos de Aristóteles, nos ajude a refletir sobre isso: "Nós somos aquilo que fazemos repetidamente. Excelência, então, não é um modo de agir, mas um hábito".[64]

O que isso quer dizer? Que, se buscarmos a excelência continuamente e trabalharmos dando nosso melhor sempre, seremos extraordinários. Da mesma forma, se nos acomodarmos e deixarmos a vida passar, morreremos sem ter feito nada de bom.

Um exemplo bastante conhecido, mas que merece ser lembrado, é a história de um dos políticos mais famosos do mundo. Ele montou um negócio em 1831, mas não deu certo. Foi derrotado na candidatura a vereador em 1832. Fracassou em outro negócio em 1834. Perdeu a noiva, que faleceu em 1835. Teve um ataque de nervos em 1836. Foi derrotado em outra eleição em 1838. Foi derrotado para o Congresso em 1843. Foi derrotado para o Congresso em 1846. Foi derrotado para o Congresso em 1848. Foi derrotado para o Senado em 1855. Foi derrotado para a vice-presidência em 1856. Foi derrotado para o Senado em 1858. Foi eleito presidente da República dos Estados Unidos em 1860. O nome dele? Abraham Lincoln.

Lincoln tinha um verdadeiro potencial para ser extraordinário – tanto que foi um dos mais importantes presidentes na história dos Estados Unidos. Contudo, se tivesse desistido na primeira derrota, no primeiro golpe do destino, quem saberia do potencial dele?

---

64. DURANT, W. **A história da Filosofia**: de Platão a Voltaire. São Paulo: Faro Editorial, 2021.

Certamente você já ouviu falar em um dos maiores jogadores de basquete de todos os tempos, não é? Sim, Michael Jordan. Certa vez, ele disse:

> *Errei mais de 9 mil cestas e perdi quase trezentos jogos. Em 26 diferentes finais de partidas fui encarregado de jogar a bola que venceria o jogo... e falhei. Eu tenho uma história repleta de falhas e fracassos em minha vida. E é exatamente por isso que sou um sucesso.*[65]

Se ele desistisse, teria privado todos dessa lição de persistência e determinação, características dos extraordinários.

Para analisar em que medida você está pronto para passar por esse processo, avalie os seguintes itens e busque alternativas quando necessário:

Pergunta	Sua base de crenças e do que você quer		
	1. Nada 2. Pouco 3. Médio 4. Muito	Acredito que posso melhorar nesse ponto? (sim ou não)	Em que preciso/ posso melhorar?
Quanto você **quer** ser extraordinário?			
Quanto você **acredita** que pode ser extraordinário?			

(continua)

---

65. JORDAN, M. *In*: **Pensador**. Disponível em: https://www.pensador.com/frase/NDYzMDg4/. Acesso em: 21 fev. 2024.

Quanto você tem de se **preparar** para ser extraordinário?			
Quanto você tem de se **empenhar** para ser extraordinário?			
Quanto você tem de **persistir** para ser extraordinário?			
Quanto você tem de **lutar** para sustentar e realizar seus sonhos?			
Quanto você tem de se **esforçar** para retomar seus sonhos deixados para trás?			
Quanto você tem de se esforçar para **retomar suas metas** abandonadas?			
Quanto você é capaz de **resgatar seus sonhos** de criança?			
Quanto você compreende e aceita que não existe vida pessoal e vida profissional separadas: que **o que existe é somente vida**?			
Quanto você busca **qualidade em sua vida**?			

(continua)

Quanto você tem de aprimorar sua **atitude proativa**?	
Quanto você é **protagonista** de sua história?	
Quanto você trabalha com **positividade**?	
Quanto você trabalha com **foco naquilo que deseja** e não no que não quer?	
Quanto você **suporta** pressões?	

Queira ser um profissional extraordinário. Somente um querer claro, determinado, intenso e embasado em suas crenças construtivas e em suas atitudes proativas pode dar início a um processo que o levará a se tornar extraordinário.

4º SEGREDO: ADEQUAÇÃO E *TIMING*

Avalie o ambiente no qual você está inserido profissionalmente e perceba quais são suas reais possibilidades de crescer se permanecer nele. Não se prenda. Não se amarre a uma organização se, após avaliá-la, perceber que não há possibilidades de crescer. Não é uma questão de crescer em cargos; o mais importante é se desenvolver profissionalmente.

Você pode e deve continuar mantendo relacionamentos com seus colegas, pois os contatos são um excelente meio de conseguir uma recolocação profissional, mas deve ter a liberdade de mudar de organização sempre que sentir necessário. Não se prenda nem empenhe suas forças em coisas nas quais não acredita.

Levando em conta a organização na qual você trabalha, dê notas de 4 a 8 para cada afirmação. A nota 4 significa que você discorda totalmente da afirmativa proposta. A nota 8 significa que você concorda totalmente com ela.

Afirmativa	Nota
Meus princípios e valores são compatíveis com os da organização.	
A organização tem o que busco para minha realização profissional.	
Cada nova função me ajuda a alcançar minhas metas.	
A organização tem tudo o que espero de uma empresa.	
Gosto do trabalho que faço.	
Na organização, tenho suporte para sustentar meus sonhos e objetivos pessoais.	
Posso contribuir para melhorar as condições de trabalho na organização.	
Posso fazer uma grande diferença na organização em que trabalho.	
Sempre posso contribuir para a melhora dos resultados na organização.	
Sinto-me parte da equipe na organização.	

(continua)

Tenho a liberdade de mudar e sugerir o que for preciso dentro da organização.

Tenho consciência da minha importância como profissional.

Tenho plena possibilidade de crescimento na organização.

Tenho possibilidade de chegar ao cargo que almejo.

Trabalho em um ambiente propício para incentivar minha criatividade e minha capacidade de crescer, além de propor mudanças.

SOMA DAS NOTAS

Avalie seu resultado:

Acima de 100 pontos: você trabalha em uma organização bastante favorável para seu desenvolvimento profissional. Procure aproveitar todas as oportunidades de crescimento que surgirem.

Entre 80 e 100 pontos: você trabalha em uma organização que não é a ideal para seus objetivos, mas que lhe permite fazer mudanças para melhorá-la. Eis aí um bom desafio para a sua determinação de crescer dentro da organização atual.

Abaixo de 80 pontos: você está em uma organização que, dentro de suas expectativas, pode não contribuir para seu crescimento e que não dará abertura para você fazer mudanças nesse cenário. Uma boa opção, nesse caso, é conversar com seus gestores e até mesmo, se necessário, mudar de emprego, mas agora usando as ferramentas aqui apresentadas e alinhando expectativas, princípios e valores com os de sua futura organização.

Ter atitude é decidir o que é bom para você e o que não é. As chances de sucesso estão espalhadas no mercado. Quem as procura e se agarra a elas alcança o futuro que planeja.

Quando a mudança de emprego se mostrar necessária, existem alguns cuidados que você deve tomar para tornar essa transição menos dramática e mais proveitosa:

- ✶ Aceite que mudar não é fácil, mas muitas vezes é preciso.
- ✶ Esteja disposto a encarar o desconforto de mudar.
- ✶ Busque um ambiente que apresente desafios.
- ✶ Busque organizações que valorizem o ser humano e seu potencial.
- ✶ Mapeie as ações necessárias para atingir seus objetivos.
- ✶ Priorize e estabeleça prazos para cada ação.

Torne-se uma pessoa com paixões, virtudes, alegrias e entusiasmos que se apliquem a tudo o que você vive e faz. Iniciando com esse perfil em uma organização promissora, seus caminhos para se tornar extraordinário estarão totalmente abertos.

5º SEGREDO: RELACIONAMENTOS FAVORÁVEIS

Contatos são fundamentais, mas é importante cativá-los e deixar neles uma imagem de profissional extraordinário. Não adianta conhecer alguém que possa indicá-lo para uma boa vaga de emprego se essa pessoa não vê em você um profissional sério, capaz, dedicado e com vontade de vencer.

Mostre suas qualidades, habilidades e realizações sem ser arrogante. Compartilhe e comemore seus sucessos com amigos e colegas, pois isso ajudará a divulgar suas conquistas. Ajude também aos outros. Não construímos nada sozinhos e nenhum tempo é perdido quando ajudamos alguém.

Construa amizades e relações positivas e sinceras. Crie relacionamentos favoráveis e evite inimizades. Se não for por motivos mais nobres, pelo menos que seja por conveniência. Afinal, nunca se sabe quando você vai precisar de alguém no momento de dar um passo importante na carreira. Aquela pessoa com quem você nunca se deu bem poderá ser a única entre você e a porta do sucesso.

Eis algumas regrinhas básicas para criar bons relacionamentos e construir uma boa imagem:

- ✸ Alie-se a quem está no caminho que você quer seguir ou a quem já passou por ele e conquistou lugares mais altos.
- ✸ Aprenda a delegar tarefas. Confie em seus colaboradores.
- ✸ Busque pessoas com experiências positivas para compartilhar.
- ✸ Busque sempre inovar, fazer diferente, fazer melhor.
- ✸ Converse com o presidente de sua organização. Ele é sempre um ótimo referencial.
- ✸ Evite ser o profissional bonzinho, que nada questiona e aceita tudo o que lhe é imposto.
- ✸ Mostre o valor de seu trabalho, apontando resultados.
- ✸ Não terceirize responsabilidades. Responda sempre por seu trabalho.
- ✸ Realize suas tarefas com a produtividade que é necessária. Faça a gestão de seu tempo.
- ✸ Tenha a coragem de enfrentar e resolver problemas.

- ✦ Saiba se antecipar e resolver problemas. Antecipando-se, você encontrará as melhores soluções a tempo de evitar complicações.
- ✦ Tenha alguém que possa ajudá-lo a chegar aonde você quer ir. Sempre é bom ter ao lado quem abra as portas certas.
- ✦ Tenha determinação, vontade e garra. Esses são os ingredientes básicos do sucesso.
- ✦ Trabalhe em equipe, comemore em equipe, divida as glórias com seus colaboradores.
- ✦ Vá além do que é possível. Não desista sem dar vários passos a mais do que a maioria.
- ✦ Trabalhe sua paciência e sua cordialidade e tenha interesse legítimo pelas pessoas, pois elas serão suas grandes aliadas.

6º SEGREDO: CONEXÃO E ATUALIZAÇÃO

Use todos os meios acessíveis para mostrar seu trabalho e firmar seu nome como uma marca. O mundo está conectado, e você precisa fazer parte dessa rede. Muitas empresas anunciam vagas nas redes sociais e buscam conhecer os candidatos pelo mesmo meio. Isso significa que você precisa estar on-line e mostrar a que veio.

Atualize-se constantemente. Não conheça apenas sua área, busque ampliar seus conhecimentos a respeito de áreas afins, ainda que de maneira genérica. Para isso, você deve estudar as mudanças e os acontecimentos no mundo e refletir sobre eles. Esteja "plugado" e focado em assuntos relativos a seu desenvolvimento, e seu crescimento acontecerá. Participe de discussões on-line e firme sua posição entre os melhores.

Procure se interessar por outras áreas para expandir sua visão de negócios. Fale com pessoas com quem nunca falou para ampliar suas possibilidades. **Busque o conhecimento com a mesma sede com a qual busca o sucesso**. Mantenha-se conectado com os mestres em sua área de interesse, mesmo que pela internet. Enriqueça suas possibilidades.

Pesquisas demonstram que o principal meio efetivo de contratação é a indicação. A Right Management aponta que 70% das contratações são resultado de um bom networking.[66] Já a Pesquisa dos Executivos, realizada pela Catho, aponta que a indicação resulta em 59,4% das contratações, e que 70% dos executivos que ficaram desempregados buscaram um novo emprego por meio do networking.[67]

Tenha alguém com quem aprender, mas de preferência que seja também alguém que possa ajudar você a crescer e subir em sua carreira. Existe uma frase interessante que diz que, se você é a pessoa mais inteligente na mesa, talvez esteja na mesa errada.

Devemos sempre nos cercar de pessoas "mais inteligentes", que nos impulsionam e nos forçam a ser cada dia melhores. Escolha cuidadosamente um padrinho e mentor e comece a trabalhar e a aprender com ele. Faça questão de escolher alguém que seja extraordinário.

Aqueles que se aliam a grandes profissionais conseguem abrir as portas para melhores oportunidades. Portanto, procure não

---

66. FAZER Networking: os segredos que ninguém contou a você sobre como aumentar sua rede de contato. **Impact Player**, 20 jul. 2020. Disponível em: https://impactplayer.com.br/fazer-networking-os-segredos-que-ninguem-contou-a-voce-sobre-como-aumentar-sua-rede-de-contatos. Acesso em: 21 fev. 2024.

67. PRADO FILHO, H. R. do. Pesquisa destaca principais meios efetivos de contratação. **Qualidade On-line**, 19 jul. 2011. Disponível em: https://qualidadeonline.wordpress.com/2011/07/19/pesquisa-destaca-os-principais-meios-efetivos-de-contratao-de-mo-de-obra. Acesso em: 5 ago. 2011.

desperdiçar suas chances de fazer bons contatos. Certifique-se de estar sempre entre os melhores. Observe se seu mentor conquistou o que ele está querendo ensinar você a conquistar.

Se alguém em quem você se baseia mostra que não é um bom exemplo profissional a ser seguido, mude de referencial. Não se contente com nada menos do que o melhor. Pratique, já na escolha de seu mentor, a atitude de um verdadeiro profissional extraordinário.

Estar "plugado" é estar conectado com o mundo. É ampliar a extensão de suas possibilidades e ir além do que seus concorrentes se atrevem a ir. É usar tudo o que está disponível para alavancar os resultados em sua carreira.

7º SEGREDO: ROTA EM CONSTANTE AJUSTE

A busca do equilíbrio é um dos fatores que mais contribuem para o crescimento profissional. O balanço entre os diversos aspectos de sua vida – físico, mental, profissional, espiritual – é determinante para uma jornada de sucesso não só profissional, mas na vida como um todo.

Desafie-se sempre!

Ajuste seu foco:

* Busque conhecimento e reflexão por meio de diferentes leituras.
* Busque melhorar sempre (não se contente com o que você já sabe).
* Ouça e busque bons conselhos; analise tudo.
* Busque participar de eventos de sua área e de outras áreas de interesse.
* Seja ativo nas redes sociais; procure novidades e atualidades de sua área e sobre negócios, além de novas tecnologias e assuntos relacionados a seu trabalho.

✦ Faça contatos e aumente seu networking, tanto na internet como fora dela.

✦ Questione sempre. Aprenda com os relacionamentos.

✦ Estude a biografia das pessoas que são sua referência.

✦ Entenda as mentes mais poderosas do mundo.

✦ Invista em treinamento, desenvolvimento e aprimoramento pessoal para criar mais alternativas de formação e atualização profissional.

✦ Treine para avançar em sua carreira (psicológica, mental, técnica, física e espiritualmente).

Na sequência, proponho um teste para avaliar se existe alguma correção que você precisa fazer em sua rota rumo à excelência.

No quadro a seguir, preencha com:

1 – se você **concorda** com a afirmação.

0 – se você **não concorda** com a afirmação.

Afirmativa	Nota
Para se tornar um profissional extraordinário, em muitos casos é preciso submeter-se a um acompanhamento psicológico profissional. Por exemplo, é preciso fazer terapia.	
Desenvolver a sensibilidade artística ajuda a se tornar um profissional extraordinário.	
O profissional extraordinário trabalha sempre seus medos e suas inseguranças. Ele transforma seus medos em desafios e oportunidades.	
A orientação de mestres, coaches e profissionais de sucesso ajuda a construir uma carreira extraordinária.	

(continua)

Sair da zona de conforto e entrar na zona da coragem é condição essencial para se tornar um profissional extraordinário.

Fazer autoavaliação constantemente ajuda a estruturar a carreira do profissional extraordinário.

Pedir feedbacks sobre seu trabalho para pessoas que você admira, e que comprovadamente têm sucesso, ajuda a construir seu sucesso.

Para se tornar um profissional extraordinário, é importante ter metas inovadoras, únicas e diferenciadas.

O profissional extraordinário pauta suas ações pela ética e pela solidariedade.

Rever com frequência suas metas e definir as ações para conquistá-las gera mais motivação para alcançá-las.

SOMA DAS NOTAS

Avalie seu resultado:

Entre 8 e 10 pontos: você tem todas as características necessárias para estar na rota certa. Siga em frente, mas não se descuide: avalie sempre seu rumo para garantir o sucesso.

Entre 5 e 7 pontos: você tem grande chance de ter feito um desvio pelo caminho. Ainda é um erro pequeno, mas precisa ser corrigido logo, antes que aumente. Contudo, você tem as condições necessárias para fazer essa correção.

Menos de 5 pontos: você saiu da rota e ainda não se deu conta disso. Pare e reavalie todos os seus procedimentos antes de seguir. Reajustar seus planos e seu caminho é vital neste momento.

Capítulo 10

SEJA EXTRAORDINÁRIO

O NÚMERO 1

O verdadeiro campeão busca sempre a vitória. Isso é o que importa. Essa é a mentalidade que você deve manter para se tornar um vencedor. Ayrton Senna dizia: "O importante é competir? Isso é pura demagogia! O importante é ganhar. Tudo e sempre. Essa história de que o importante é competir não passa de pura demagogia".[68]

Ainda que estar entre os três primeiros lhe garanta uma foto no pódio, outros passarão você se não buscar sempre ser o primeiro. Se hoje você se contentar em participar da corrida, talvez nunca alcance um lugar de destaque. Não focar a vitória é um pensamento fraco. É um pensamento de perdedor. Isso é desculpa! Se depois de uma derrota alguém pensa que "o importante é competir", não vai trabalhar tudo o que pode para chegar mais longe, para ser o primeiro.

Quando se tem um pensamento focado em "o importante é ganhar", você trabalha para ter resultados. Vai dar seu melhor e lutar pela primeira colocação; vai treinar cada vez mais, e seu futuro será grandioso.

---

68. SENNA, A. *In*: **PENSADOR**. Disponível em: https://www.pensador.com/frase/OTMxMDg4. Acesso em: 21 fev. 2024.

Você não será o número um em tudo o que fizer, mas, quanto mais tiver isso como meta, mais perto poderá chegar de seus objetivos. Determine-se a alcançar o topo, pois, ainda que não o alcance, chegará cada vez mais alto. Repetindo atitudes que miram a vitória, com determinação e foco, você cresce e melhora seus resultados.

Acredite que o que você busca é possível; acredite que é capaz de fazer acontecer. Essa confiança será sua principal aliada na busca pelo topo.

Trace uma rota e direcione sua jornada. Desenhe seu mapa para o sucesso. Escreva as coordenadas e siga-as.

ASSUMA RESPONSABILIDADES

Assumir responsabilidades no ambiente de trabalho apresenta dois aspectos distintos: o primeiro diz respeito a assumir novos empreendimentos, novas funções que lhe são atribuídas. O segundo se refere a assumir a autoria de tudo o que você faz e também as consequências, ou do que deixa de fazer e as consequências dessa omissão. No primeiro caso, cabe ao profissional se preparar adequadamente para estar à altura – técnica e pessoalmente – de encarar esses novos desafios. No segundo caso, trata-se de responder com responsabilidade pelas consequências das decisões e ações tomadas.

De qualquer maneira, as duas possibilidades devem fazer parte do modo de pensar e agir de um profissional que deseja se tornar extraordinário. Responsabilidade profissional é um conceito que normalmente se refere à ideia de que uma pessoa tem obrigação moral de assumir certas situações. Em se tratando de um ambiente de trabalho e de assuntos ligados a ele, o profissional tem, mais do que a obrigação moral, o dever de responder por tudo o que fez ou deixou de fazer.

No entanto, ter o dever de se responsabilizar não significa que todo mundo o faça. Por isso, é exatamente entre os profissionais responsáveis que surgem os extraordinários. Em situações nas quais muitos profissionais se omitem, os que se apresentam para solucionar as questões da organização são os que progridem. Um profissional responsável é capaz de refletir sobre uma situação em xeque, formar ideias sobre quais seriam as ações cabíveis e levar adiante aquilo que foi mapeado. Ser responsável é a obrigação de qualquer cidadão para uma vida saudável em sociedade. No ambiente profissional, isso não é diferente. E ainda há uma vantagem: o fato de alguém pensar e agir com responsabilidade o coloca acima do nível da maioria, o que o ajuda a ser notado nos momentos decisivos da carreira.

Os grandes avanços da humanidade foram provocados por pessoas que assumiram a responsabilidade de fazer alguma diferença no mundo. É por isso que seguimos evoluindo.

Aqueles que assumem os próprios erros podem se tornar aprendizes deles e evoluir com isso. É uma situação diferente daquela em que as pessoas simplesmente buscam a quem culpar. Uma pessoa de sucesso está muito mais preocupada em descobrir e entender as próprias falhas, já que é só assim que pode garantir que o problema não se repita.

É preciso enxergar que suas atitudes, suas ações e seu nível de comprometimento com a organização em que trabalha e com sua imagem profissional são os diferenciais que o levarão ao sucesso... Ou não!

É claro que assumir responsabilidades gera medo, insegurança e riscos, mas é só por meio da ação responsável que alcançamos as vitórias. O medo deve ser usado como impulsionador da busca pela superação. O risco deve ser o atrativo para o sucesso. Não devemos perder o medo, mas enfrentá-lo, se quisermos evoluir.

Tenha sempre o propósito e a intenção de assumir suas responsabilidades. Quando você tem um problema, tem duas opções: ou você o assume e o enfrenta para poder resolvê-lo, ou se esconde atrás de alguma proteção e, com isso, renuncia à oportunidade de crescimento.

Mesmo nas situações em que você não tem uma responsabilidade direta pelos resultados, sempre é interessante avaliar o que poderia ter sido feito de modo diferente para que a situação não saísse de controle. Tudo isso é o aprendizado que forma o profissional extraordinário.

Estar preparado para assumir responsabilidades quer dizer estar preparado para tentar, para se deixar errar ou acertar. Ou seja, ser responsável é dar a si mesmo possibilidades de crescer.

PRATIQUE AS QUALIDADES VALORIZADAS

Tão importante quanto conquistar a posição de extraordinário é manter essa posição e fazer a manutenção de seu sucesso. Para isso, reforço: a atualização de seus conhecimentos deve ser contínua, pois o mundo não para e evolui mais rápido a cada dia. Precisamos rever sempre os antigos conceitos, bem como nossas metas.

Além disso, quanto mais alto chegamos, mais alto queremos ir – e é nesse momento que nossas relações e nossas responsabilidades também mudam, e surge a necessidade de sempre cuidar dos relacionamentos.

Um profissional extraordinário, ou o candidato a ser um, deve cultivar as qualidades essenciais para o progresso dentro da organização em que trabalha. Em sua pauta, devem estar sempre itens como:

✦ **Capacitação e atualização técnica específica**. O extraordinário nunca se considera bom o suficiente. Ele sabe que sempre há o que aprender, em especial em uma realidade dinâmica como a de hoje. Portanto, você precisa estar aberto às novidades de sua área ou de áreas relacionadas.

✱ **Cultivo de bons valores**. Você precisa ancorar seus atos e planejamentos em uma percepção apurada e na valorização correta do bom caráter e dos bons valores. A ética precisa ser a pauta de tudo o que você faz. Além do mais, é preciso que seus valores estejam alinhados com os valores de sua organização.

✱ **Domínio da internet e das redes sociais**. Você precisa estar bem-relacionado também fora do ambiente da organização, ligado nas mudanças que acontecem no mundo e que tenham a ver com sua área de atuação.

✱ **Abertura às mudanças**. O profissional extraordinário sabe que estar aberto às mudanças é uma vantagem, pois esse processo gera conhecimento e experiência.

✱ **Informação**. Os profissionais extraordinários costumam ser o ponto de referência na organização quando o assunto está relacionado à sua área. Você precisa ser aquele profissional que amplia a visão dos demais quanto aos problemas que surgem.

✱ **Posição de destaque**. O profissional extraordinário está disposto a fazer mais do que se espera que ele faça.

✱ **Qualidade acima de tudo**. Você não pode querer fazer o que tem que ser feito. Precisa querer ser a melhor opção para seus clientes.

✱ **Rapidez**. Você deve fazer bem-feito e rapidamente. A rapidez eficiente é indispensável para a competitividade.

✱ **Incentivo aos colaboradores**. O profissional extraordinário deve se tornar mestre na habilidade de incentivar os outros para obter resultados excepcionais.

- **Visão realista**. Você precisa trabalhar com base na realidade e agir com determinação e propósito definido em relação a ela.
- **Visão do conjunto**. A visão do todo proporciona a você condições de decidir melhor sobre seu trabalho. Com a compreensão de como sua atividade interfere nos resultados da organização, é possível decidir e atuar com precisão e eficiência.

Tenha essas qualidades em mente e procure observar como um profissional faz uso delas.

O melhor caminho para a excelência é a definição, em sua vida, de propósitos claros de contribuição e trabalho em conjunto, para que o mundo à sua volta se torne ainda melhor. Além de incentivar seus colaboradores a ter a atitude correta, é preciso ter humildade para entender que uma equipe coesa, focada em um mesmo propósito, é a que obtém os melhores resultados.

Quero deixar para você uma frase maravilhosa de Mario Sergio Cortella, doutor em Educação, que sempre me inspira muito. Ela fala de humildade e, ao mesmo tempo, da força do profissional extraordinário: "Sei que sozinho não farei, mas sei que sem mim não será feito".[69]

CONSTRUA JÁ SEU SUCESSO

A diferença entre o sucesso e o fracasso é muito menor do que a maioria das pessoas imagina. Um pequeno desvio no caminho pode

---

69. HUMILDE é aquela pessoa que sabe que não sabe de tudo! – Mario Sergio Cortella. 28 abr. 2023. Vídeo (59min58s). Publicado pelo canal Eu Posso. Disponível em: https://www.youtube.com/watch?v=ehxRlRBF69s. Acesso em: 21 fev. 2024.

levar você a um destino totalmente diferente do pretendido. E existem muitos fatores que podem ser responsáveis por esses pequenos enganos que fazem tanta diferença nos resultados.

Um dos grandes fatores que podem colocar tudo a perder é achar possível ter sucesso em uma área de sua vida, mas negligenciar os outros setores. Para conseguir sucesso duradouro, é preciso manter todas as áreas de sua vida em equilíbrio. É preciso cultivar o sucesso em todas elas.

Outro ponto importante a considerar é que as pessoas que alcançam o sucesso e atingem objetivos têm pelo menos dez características positivas: motivação, foco, iniciativa, inteligência emocional, comprometimento, ética, resiliência, criatividade, persistência e busca constante por autodesenvolvimento.

Além disso, um item particularmente importante para chegar a ser um profissional extraordinário é a ação. Não importa se você conhece seus objetivos, o caminho que deve seguir, o ponto aonde quer chegar e como pode se deslocar até lá, se você não der o primeiro passo, depois o segundo e assim por diante. Nada vai acontecer se você não partir efetivamente para a ação na busca de sua excelência. Acredite no **poder da atitude**.

Por que estou dizendo isso? Veja: segunda-feira é o dia mundial do início da dieta e de matrícula em academias. O dia 1º de cada ano é o dia mundial das promessas: parar de fumar, correr todos os dias, e isso, e aquilo. Contudo, sabe o que acontece? Nada. Absolutamente nada! O que isso significa? Que, quando você toma uma decisão para começar *amanhã*, não tem certeza de sua escolha ou não tem determinação para agir. E, sem certeza e determinação, você não segue em frente.

Não por outro motivo, a segunda sexta-feira de cada ano ficou conhecida como *quitter's day* (dia da desistência), o momento em

178 O poder da atitude

que as pessoas "jogam a toalha" e abrem mão das resoluções de ano-novo, desistindo das metas criadas na virada.

Uma pesquisa feita pela plataforma Strava mostrou que 80% das pessoas abandonam as resoluções até meados de janeiro.[70] O motivo pelo qual muitos abrem mão dessas "promessas de virada" é uma combinação de fatores: expectativas irrealistas, falta de planejamento e impacto de normas sociais negativas associadas ao início do ano.

O mesmo raciocínio pode ser adotado também para as promessas ou decisões tomadas no decorrer do ano: você não conseguirá cumprir o que prometeu se não colocar o pé no chão, planejar sua rota e focar seu objetivo.

Comece agora mesmo. Dê o primeiro passo, tome as primeiras providências e experimente as primeiras atitudes de vencedor. Entre elas está "não adiar seu sucesso". Não tomar uma atitude hoje pode lhe custar o futuro. A cada dia, centenas de oportunidades são criadas no mundo e centenas de oportunidades são perdidas por aqueles que ficam esperando, que não tomam logo as rédeas da própria vida.

Ao acordar, tomamos nossa primeira e mais importante decisão do dia: sorrir e escolher vivenciar um dia muito bom, no qual nenhuma adversidade estragará nosso humor, ou fechar a cara e criar uma barreira entre nós e o mundo. Ao escolher, avalie que cada decisão levará você para um caminho diferente. Em um deles está o sucesso.

---

70. TMT. Brentwood. Happy National Quitters Day. 10 jan. 2024. LinkedIn: TMT. Disponível em: https://www.linkedin.com/pulse/happy-national-quitters-day-technology-marketing-toolkit-inc--ffb0e/. Acesso em: 26 jun. 2024.

PALAVRAS FINAIS

EXTRAORDINÁRIOS FAZEM O MUNDO MELHOR

As pessoas extraordinárias nos negócios revolucionam o modo como as coisas são feitas. Mudam a maneira de pensar do mundo e buscam novas soluções para problemas antigos. Fazem as coisas de modo diferente e se destacam da multidão. Podem chegar aonde quiserem com trabalho e ideias.

Tudo o que alcançamos na vida é baseado nos desafios que encontramos e nas decisões que tomamos diante deles. Quando um obstáculo é colocado em nosso caminho, a escolha é encará-lo e seguir em frente, mudando tudo aquilo que incomoda. Temos a liberdade de escolher, a opção de mudar sempre e a chance de fazer nossa estrela brilhar.

As pessoas extraordinárias controlam os medos e os usam ao próprio favor, em vez de deixar que eles atrapalhem os planos e destruam seus sonhos. Você sabe que é o responsável e o interessado por fazer sua vida acontecer com sucesso.

Você é capaz de potencializar suas qualidades para alcançar o êxito. É capaz de trabalhar de maneira que possa aproveitar seus talentos para gerar mais e melhores resultados. Além disso, sempre pode fazer tudo de modo coerente com o que pensa e acredita.

Extraordinários são pessoas especiais, porque buscam a própria essência, seguem valores e batalham pelas próprias metas. Essas pessoas trilham o próprio caminho, fazem escolhas e alcançam objetivos.

Têm uma trajetória excepcional, moldada pelo jeito único de ser. São donos de uma aura extraordinária, que os destaca da multidão.

Gosto muito de um discurso do publicitário Nizan Guanaes, que para mim expressa bem o espírito de ser extraordinário:

> *Não paute sua vida, nem sua carreira, pelo dinheiro. Ame seu ofício com todo o coração. Persiga fazer o melhor. Seja fascinado pelo realizar, que o dinheiro virá como consequência. [...] Geralmente, os que só pensam nele [no dinheiro] não o ganham, porque são incapazes de sonhar. Tudo o que fica pronto na vida foi construído antes na alma. [...] Cada homem foi feito para fazer história. Todo homem é um milagre e traz em si uma evolução, que é mais do que sexo ou dinheiro. Você foi criado para construir pirâmides e versos, descobrir continentes e mundos e caminhar sempre com um saco de interrogações na mão e uma caixa de possibilidades na outra. Faça, erre, tente, falhe, lute. Mas, por favor, não jogue fora, acomodando-se, a extraordinária oportunidade de ter vivido.*[71]

Potencialize seus pontos fortes e alcance confiança, força interior e segurança para ser capaz de exercer seus talentos de maneira extraordinária e provocar as mudanças necessárias à sua volta.

Ultrapasse barreiras, transforme sua vida, torne-se cada vez mais bem-sucedido, alcance seus objetivos e realize seus sonhos. Nunca renuncie à própria vida por não ter coragem de enfrentar desafios. Acredite nas pessoas e na importância de cada ser humano.

71. CONSELHOS de Nizan Guanaes para uma turma de formandos. **Venda Mais**. Disponível em: https://vendamais.com.br/conselhos-de-nizan-guanaes-para-uma-turma-de-formandos/. Acesso em: 21 fev. 2024.

Somos talentos únicos e podemos alcançar o sucesso trabalhando para o desenvolvimento de nossas competências. Somos extraordinários, e tudo que precisamos é aprender a manifestar essa qualidade no mundo.

O mundo precisa de extraordinários. O mundo precisa ser um lugar melhor. Precisa de mais gente que transforme sonhos em realidade.

Desejo que você seja a próxima pessoa que vai fazer a diferença por estar vivo aqui e agora. Bem-vindo ao mundo dos extraordinários!

Para encerrar, é claro, um texto de Walt Disney:

E assim, depois de muito esperar, em um dia como outro qualquer, decidi triunfar.

Decidi não esperar as oportunidades, mas eu mesmo ir buscá-las.

Decidi ver cada problema como uma oportunidade de encontrar uma solução.

Decidi ver cada deserto como uma possibilidade de encontrar um oásis.

Decidi ver cada noite como um mistério a resolver. Decidi ver cada dia como uma oportunidade de ser feliz. Naquele dia, descobri que meu único rival não era mais que minhas próprias limitações.

E que enfrentá-las era a única e a melhor forma de superá-las.

Naquele dia, descobri que eu não era o melhor e que talvez nunca tivesse sido.

Deixei de me importar com quem ganha ou perde. Agora me importa simplesmente saber melhor o que fazer. Aprendi que o difícil não é chegar lá em cima, e sim deixar de subir.

Aprendi que o melhor triunfo é poder chamar alguém de "amigo".

Descobri que o amor é mais que um simples estado de enamoramento.

O amor é uma filosofia de vida.

Naquele dia, deixei de ser um reflexo dos meus escassos triunfos do passado.

E passei a ser uma tênue luz no presente.

Aprendi que de nada serve ser luz se não iluminar o caminho dos demais.

Naquele dia, decidi trocar tantas coisas…

Naquele dia, aprendi que os sonhos existem para se tornar realidade.

E desde aquele dia já não durmo para descansar. Simplesmente durmo para sonhar.[72]

---

72. DISNEY, W. *In*: **PENSADOR**. Disponível em: https://www.pensador. com/frase/MTY1MDUy. Acesso em: 21 fev. 2024.

REFERÊNCIAS

LIVROS

BODSTEIN, L. R. **O novo mercado profissional no contexto da globalização**: uma análise de seus impactos sociais e psíquicos em tempos de crise. São Paulo: Perse, 2012.

CARMELLO, E. **Resiliência**: transformação como ferramenta para construir empresas de valor. São Paulo: Gente, 2008.

CASTRO, A. P. de. **Zapp! Em ação**. Rio de Janeiro: Campus, 1994.

CAXITO, F. **Trabalho é sofrimento?** São Paulo: Escala, 2011.

CONNELLAN, T. **Nos bastidores da Disney**: os segredos do sucesso da mais poderosa empresa de diversões do mundo. São Paulo: Saraiva, 2010.

COSTA, A. T. da. **Uma trufa e 1.000 lojas depois**: a inspiradora receita de sucesso da maior rede de loja de chocolates finos do mundo. São Paulo: Alaúde, 2010.

COVEY, S. R. **Grande trabalho, grande carreira**. Osasco: Novo Século, 2011.

DAVENPORT, T. O. **Capital humano**: o que é e por que as pessoas investem nele. São Paulo: Nobel, 2001.

DISNEY INSTITUTE; KINNI, T.; STAGGS, T. **Be our guest**: perfecting the art of customer service. Orlando: Disney Editions, 2011.

DRUCKER, P. **O melhor de Peter Drucker**: o homem. São Paulo: Nobel, 2001.

FERNANDES, F. **Dicionário Brasileiro Globo**. São Paulo: Globo, 2003.

GABLER, N. **Walt Disney**: o triunfo da imaginação americana. Osasco: Novo Século, 2009.

GARDNER, C. **À procura da felicidade**. São Paulo: Novo Conceito, 2011.

GLADWELL, M. **Fora de Série – Outliers**: descubra por que algumas pessoas têm sucesso e outras não. Rio de Janeiro: Sextante, 2008.

HILSDORF, C. **Atitudes vencedoras**. São Paulo: Senac, 2010.

JUSTUS, R. **Construindo uma vida**: trajetória profissional, negócios e O Aprendiz. São Paulo: Larousse do Brasil, 2006.

LOPES, R. F.; LEISER, T. C. **Mesa cativa**: o que faz profissionais permanecerem por mais de trinta anos em uma organização. São Paulo: Universidade Anhembi Morumbi, 2010.

LUPPA, L. P. **O profissional pit bull**: por que algumas pessoas têm sucesso e outras não. Rio de Janeiro: Thomas Nelson Brasil, 2008.

MILIONI, B. **Carreira profissional vencedora**: planejando o desenvolvimento escapando das armadilhas organizacionais fazendo o próprio marketing. São Paulo: Qualitymark, 2000.

NADER, G. **A magia do império Disney**. São Paulo: Senac, 2009.

SHINYASHIKI, R. **Problemas? Oba!**: a revolução para você vencer no mundo dos negócios São Paulo: Gente, 2011.

SHINYASHIKI, R. **Tudo ou nada**. São Paulo: Gente, 2006.

TOFFLER, A. **O choque do futuro**. Rio de Janeiro: Artenova, 1972.

TOMANINI, C. **Na trilha do sucesso**: vença em um mercado que caminha com você, sem você ou apesar de você. São Paulo: Gente, 2009.

WONG, R. **O sucesso está no equilíbrio**. Rio de Janeiro: Elsevier, 2006.

ARTIGOS DE PERIÓDICOS

ALONSO, V. Poder: por que alguns têm e outros não. **HSM Management**. São Paulo, jul./ago. 2011.

AQUINO, R. de. Precisamos acabar com o complexo de vira-lata. **Época**. São Paulo, 15 mar. 2010.

BUENO, D. Segure como puder. **Você RH**. São Paulo. jul./ago. 2011.

CHEROBINO, V. Válvulas de escape. **Melhor**. São Paulo, jun. 2011.

COHEN, D.; CID, T. Dá para ser feliz no trabalho? **Época**. São Paulo: Globo, 13 jul. 2009.

CORNACHIONE, D. Trabalhar causa tristeza? **Época**. São Paulo: Globo, 8 ago. 2011.

FUCS, J. E. O homem dos US$ 27,5 bilhões. **Época**. São Paulo: Globo, 15 mar. 2010.

MENDONÇA, C. A culpa é dele. **Você S/A**. São Paulo: Abril, jul. 2011.

NETO, J. C. Tempo de colheita. **Pequenas Empresas & Grandes Negócios**. São Paulo: Globo, jul. 2011.

OLIVEIRA, A. C. Ajuste na régua. **Você RH**. São Paulo: Abril, jul./ago. 2011.

SENDIN, T. Ensaio sobre o obrigado. **Você RH**. São Paulo: Abril, jul./ago. 2011.

TAUHATA, S. Empresário precisa estudar? **Pequenas Empresas & Grandes Negócios**. São Paulo: Globo, jul. 2011.

TEIXEIRA, A. Quanto vale o estudo. **Época Negócios**. São Paulo: Globo, jul. 2011.

TRIFILIO, M. O caminho do sucesso. **Vida Executiva**. São Paulo: Símbolo, maio 2006.

PUBLICAÇÕES ON-LINE

ALBUQUERQUE, F. Qual a sua missão? **Administradores**, 7 mar. 2010. Disponível em: http://www.administradores.com.br/informe-se/artigos/qual-a-sua-missao/43031. Acesso em: 10 ago. 2011.

AMORIM, D. Taxa de desemprego cai para 6,2% em junho. **Estadão**, 19 jul. 2011. Disponível em: https://www.estadao.com.br/amp/economia/negocios/taxa-de-desemprego-cai-para-6-2-em-junho/. Acesso em: 10 ago. 2011.

BLANCHARD, K. A importância do feedback para o sucesso profissional. **Bazeggio**, 12 abr. 2011. Disponível em: https://bazeggioconsultoria.com.br/importancia-feedback-para-o-sucesso-profissional/. Acesso em: 27 jun. 2024.

CANDELORO, R. A diferença entre o sucesso e o fracasso. **Venda Mais**, 6 dez. 2009. Disponível em: https://vendamais.com.br/a-diferenca-entre-o-sucesso-e-o-fracasso/. Acesso em: 27 jun. 2024.

CARDOSO, C. R. Importância da autoconfiança para a carreira. **Portal Administrativo**, 6 abr. 2011. Disponível em: http://portaladministrativo. blogs-pot.com.br/2011/04/importancia-da-autoconfianca-para.html. Acesso em: 12 ago. 2011.

CARVALHO, L. Reter talentos será mais difícil em 2011, diz pesquisa. **Exame**, 28 fev. 2011. Disponível em: https://exame.com/negocios/reter-talentos-sera-mais-dificil-em-2011-diz-pesquisa/. Acesso em: 29 jul. 2011.

CASELLA, D. Fatores de Retenção de Talentos. **Artigos.com**, 15 jul. 2008. Disponível em: https://administradores.com.br/artigos/fatores-de-retencao-de-talentos. Acessado em: 28 jul. 2011.

CELESTINO, S. Talentos e o futuro de sua empresa. **Portal do marketing**, 23 set. 2007. Disponível em: http://www.portaldomarketing.com.br/Artigos/ Talentos_e_o_futu- ro_de_sua_empresa.htm. Acesso em: 30 jul. 2011.

COSTA, E. Se não for talentoso que seja habilidoso. **O Gerente**, 26 jul. 2011. Disponível em: https://administradores.com.br/artigos/se-nao-for-talentoso-que-seja-habilidoso. Acesso em: 6 ago. 2011.

COSTA, S. do N da. Reter talentos: questão de visão de mercado. **Baguete**, 2 set. 2008. Disponível em: https://www.baguete.com.br/artigos/368/simone-do-nascimento-da-costa/02/09/2008/reter-talentos-questao-de-visao-de-mercado. Acesso em: 28 jul. 2011.

COVEY, S. R. Vídeo usado no livro **Liderança baseada em princípios**. Disponível em: http://www.franklincovey.com.br/trim-tab.html. Acesso em: 28 jul. 2011.

FERREIRA, D. Assumindo responsabilidades – o segredo do sucesso. **Administradores**, 20 jul. 2009. Disponível em: https://administradores. com.br/artigos/assumindo-responsabilidades-o-segredo-do-sucesso Acesso em: 14 ago. 2011.

GOMES, G. Regra 20 70 10: o que é e como aplicá-la na gestão do time de vendas? Agendor. [S. d.]. Disponível em: https://www.agendor.com.br/ blog/regra-20-70-10/. Acesso em: 28 jun. 2024.

LIBERATO, R. **Empreendedores**, [S. d.]. Disponível em: http://www. netmarkt.com.br/frases/empreendedores.html. Acesso em: 8 ago. 2011.

MAIRINS, S. Gênios fracassados: por que pessoas talentosas não conseguem ter sucesso? **Administradores**, 13 ago. 2010. Disponível em: https://administradores.com.br/noticias/genios-fracassados-por-que-pessoas-talentosas-nao-conseguem-ter-sucesso. Acesso em: 24 jul. 2011.

MAMONA, K. S. Conheça os 26 impulsionadores da motivação no mundo. **InfoMoney**, 10 dez 2009. Disponível em: https://www.infomoney.com.br/carreira/conheca-os-26-impulsionadores-da-motivacao-no-mundo/. Acesso em: 27 jun. 2024.

MANSO, U. A. Perder para ganhar. **Você RH**, [S. *d*.]. Disponível em: http://revistavocerh.abril.com.br/noticia/especiais/conteudo_599648.shtml. Acesso em: 1º ago. 2011.

MEDEIROS, P. Como são os profissionais que as empresas querem contratar. **Época São Paulo**, 2004. Disponível em: http://epoca.globo.com/sp/2004/vestibular/capa04.htm. Acesso em: 25 jul. 2011.

MELLO, F. B. de. 20 dicas de como fazer um networking vencedor. **Administradores**, 4 ago. 2011. Disponível em: https://administradores.com.br/noticias/20-dicas-de-como-fazer-um-networking-vencedor. Acesso em: 27 jun. 2024.

MUSSAK, E. Deixa que eu faço! **Vida Simples**, 13 jan. 2004. Disponível em: https://eugeniomussak.com.br/deixa-que-eu-faco/. Acesso em: 27 jun. 2024. Acesso em: 14 ago. 2011.

POLITO, R. Aprenda a dizer "não". **Algo sobre vestibular**, [S. *d*.]. Disponível em: http://www.algosobre.com.br/carreira/aprenda-a-dizer-nao.html. Acesso em: 15 ago. 2011.

QUEIROZ, R. Quer crescer? Dê resultado. **Você S/A**, 1º out. 2008. Disponível em: http://vocesa.abril.com.br/desenvolva-sua-carreira/quer-crescer-resultado-536510.shtml. Acesso em: 25 jul. 2011.

RAINHA, C. S. A importância da autoconfiança. **Administradores**, 13 jan. 2011. Disponível em: http://www.administradores.com.br/informe-se/artigos/a-importancia-da-autoconfianca/51244. Acesso em: 13 ago. 2011.

REGINA, G. A construção do sucesso! **O Gerente**, 7 dez. 2010. Disponível em: http://ogerente.com.br/rede/carreira/atitude-para-o-sucesso-profissional. Acesso em: 6 ago. 2011.

SANTOS, A. A. dos. Como se adaptar as mudanças no mercado de trabalho? **Administradores**, 1º jul. 2010. Disponível em: http://www.administradores.

com.br/informe-se/artigos/como-se-adaptar-as-mudancas-no-mercado-de-trabalho/46046. Acesso em: 9 ago. 2011.

SANTOS, J. C. S. Uma breve análise sobre a ambição profissional. **O Artigo**, 2 mar. 2011. Disponível em: http://www.oartigo.com/index.php?/carreira/uma-breve-analise-sobre-a-ambicao-profissional.html. Acesso em: 12 ago. 2011.

SILVA, A. Quem não é indispensável será dispensado. **Exame**, 27 set. 2010. Disponível em: http://exame.abril.com.br/rede-de-blogs/manual-do-executivo-ingenuo/2010/09/27/quem-nao-e-indispensavel-sera-dispensado. Acesso em: 23 de jul. 2011.

SILVA, M. do R. M. Poder pessoal – Mude sua vida!. **RHCentral**, 31 ago. 2010. Disponível em: http://www.rhcentral.com.br/blogs/gestao_pessoas/default. asp?view=archives&month=8&year=2010. Acesso em: 7 ago. 2010.

STAUT, A. L. de A. Pesquisa alerta: hora de investir em práticas para retenção de talentos. **Administradores**, 3 mar. 2011. Disponível em: https://administradores.com.br/artigos/pesquisa-alerta-hora-de-investir-em-praticas-para-retencao-de-talentos. Acesso em: 27 jun. 2024.

WELCH, J. A regra 20-70-10. **Administradores**, [S. d.]. Disponível em: http://www.administradores.com.br/informe-se/artigos/a-regra-20-70-10/20644. Acesso em: 3 ago. 2011.

XEYLA, R. Brasil tem a maior taxa empreendedora do G20 e do Bric. **JusBrasil**, 26 abr. 2011. Disponível em: https://www.jusbrasil.com.br/noticias/brasil-tem-a-maior-taxa-empreendedora-do-g20-e-do-bric/2661291. Acesso em: 28 jun. 2024.

Este livro foi impresso
pela Gráfica Assahi
papel lux cream 70 g/m²
em agosto de 2024.